H. von Loebell

Des Zündnadelgewehrs Geschichte und Konkurrenten

Vortrag, gehalten in der Versammlung der militairischen Gesellschaft zu

Berlin am 30. Nov. 1866

H. von Loebell

Des Zündnadelgewehrs Geschichte und Konkurrenten
Vortrag, gehalten in der Versammlung der militairischen Gesellschaft zu Berlin am 30. Nov. 1866

ISBN/EAN: 9783743497153

Hergestellt in Europa, USA, Kanada, Australien, Japan

Cover: Foto ©ninafisch / pixelio.de

Weitere Bücher finden Sie auf **www.hansebooks.com**

Des

Zündnadelgewehrs

Geschichte und Konkurrenten.

Vortrag,
gehalten in der Versammlung der militairischen Gesellschaft zu Berlin
am 30. November 1866

von

H. von Löbell,
Oberst von der Artillerie.

Berlin, 1867.
Druck und Verlag von E. S. Mittler und Sohn,
Königliche Hofbuchhandlung.
(Kochstraße 69.)

Wunsch und Absicht des Vorstandes der Militairischen Gesellschaft war es, den heutigen Abend wie die folgenden Abende mit einem Vortrage zu füllen, der sich an die gewaltigen Ereignisse des diesjährigen Sommers kettet, indem er entweder in großen Zügen die Begebenheiten schildert, welche die Juni- und Julisonne auf den weiten Gebieten zwischen dem Rhein und der Weichsel, zwischen der Nordsee und der Donau beschienen hat, oder indem er ein Einzelgemälde aus dem großartigen Drama, das die Welt in Erstaunen gesetzt, hervorhebt. Aber die Bemühungen des zeitigen Geschäftsführers der Gesellschaft sind von einem Erfolge nicht gekrönt worden. Die Ereignisse durchzittern noch zu gewaltig die Herzen, Köpfe und Sinne, und die die Feder führenden Hände sind entweder mit in die vibrirende Bewegung gezogen oder sie werden erdrückt von der Last der Arbeiten, die ihnen durch die Mitwirkung an der Gestaltung der durch den Prager Frieden neu geformten Verhältnisse aufgebürdet sind.

Nach vielfachen vergeblichen Anfragen in Bezug auf die Uebernahme des heutigen Vortrages wandte sich das geschäftsführende Mitglied des Vorstandes auch an mich mit dem dringenden Ersuchen, ihm keinen vollständigen Refus zu geben. Ich mußte mit mir zu Rathe gehen, ob ich unter den obwaltenden Umständen es wagen könnte, heute vor die Militairische Gesellschaft zu treten. Nach mehrfachen Erwägungen glaubte ich in dem Zündnadelgewehr, das in dem Munde von ganz Europa als ein wesentliches Element zu den preußischen Siegen betrachtet wird, den Stoff zu einem Vortrage zu finden, der des Interesses auch für die Militairische Gesellschaft im gegenwärtigen Zeitpunkte nicht entbehrt. Nicht die Construction, nicht die Gebrauchsweise des Gewehrs kann das Thema bilden, denn Worte von dieser Stelle aus darüber gesprochen, wären Tropfen zu vergleichen, die in den Ocean geträufelt würden. Aber die Geschichte des Gewehrs, seine successive Entwickelung, seine Erfolge im Kriege und seine in neuester Zeit in fast allen Staaten Europas auftretenden Concurrenten sollen die Gegenstände bilden, welche hier zur Besprechung gelangen.

Mein Vorschlag, einen derartigen Vortrag zu halten, wurde acceptirt, aber ich betonte nach wie vor, daß ich jeden Augenblick und selbst im letzten Momente sehr gerne bereit sein würde, den Platz des Vortragenden hier im Englischen Hause einem Anderen zu überlassen und bat demzufolge, die Bemühungen zur Gewinnung eines anderweitigen Vortrages fortzusetzen. Aber auch diese Bemühungen scheinen von einem Erfolge nicht begleitet gewesen zu sein. So trete ich denn vor die Militairische Gesellschaft mit der Bitte, diese einleitenden Worte als eine captatio benevolentiae betrachten und den guten Willen für die That nehmen zu wollen.

Als die ersten Nachrichten über die preußischen Siege in Böhmen mittelst des Telegraphendrathes durch ganz Europa verbreitet wurden und als sie sich in den letzten Junitagen mit fast electrischer Geschwindigkeit förmlich überstürzten, da ertönte es auf allen Gassen aller Hauptstädte Europas, daß das Zündnadelgewehr die alleinige Ursache der ungeahnten preußischen Erfolge sei; da wurden dem Zündnadelgewehre Loblieder von allen Seiten gesungen, die fliegenden Blätter der Bänkelsänger waren seines Lobes voll und auch die ernste Körperschaft der Vierzig Unsterblichen der Academie des sciences zu Paris stimmte in den enthusiastischen Beifall ein. Aber neben den Lobeshymnen erklangen auch Stimmen, die das Zündnadelgewehr als eine Waffe darzustellen bemühet waren, deren Gebrauch gegen das Völkerrecht streite, wie etwa die Anwendung vergifteter Geschosse. Und diese letzteren Stimmen wurzelten wesentlich in dem Mémorial diplomatique, dem Blatte, das der österreichischen Gesandtschaft in Paris nahe steht, trotzdem österreichische Erzherzöge und österreichische Generale wiederholt „von Bundes wegen" preußische

Armeekorps besichtigt und Schießübungen mit Zündnadelgewehren beigewohnt und trotzdem das Zündnadelgewehr nördlich der Eider und bis zum Kap Skagen hinauf im Jahre 1864 der geachtete Gefährte der österreichischen Vorderladungsgewehre gewesen, ohne gegen das Völkerrecht zu verstoßen.

Es ist nun einmal eine Eigenthümlichkeit der großen Menge, daß sie nur die Oberfläche der Dinge betrachtet und trotzdem dahin strebt, sich Rechenschaft über die Ursachen der Erfolge zu geben, ihnen begierig nachspürt und, um ihre Meinung zu formuliren, mit Eifer die wahrscheinlichste, die sich ihrem Auge darbietet, gleichviel ob richtig oder falsch, ergreift.

So hatte nach dem Urtheile der Menge das canon rayé den lombardischen Feldzug des Jahres 1859 entschieden, so sollte nun das Zündnadelgewehr die Panacée bilden, der Preußen seine Rettung und seinen Sieg zu verdanken. Es ist dies nur zu leicht erklärlich, da die materiellen Gegenstände sich dem oberflächlichen Beobachter eines Krieges viel handgreiflicher, viel kräftiger präsentiren, als die moralischen Potenzen und die geistigen Elemente, die trotz alledem die Hauptrolle spielen.

Nicht die Kugel, nicht der Säbel oder irgend eine Waffe allein vernichtet Armeen, macht Staaten zerfallen, sondern höhere geistige Befähigung, Muth und Tapferkeit auf der einen und der Mangel einer oder mehrerer dieser Elemente auf der anderen Seite sind es, welche jene traurigen Resultate herbeiführen. Auch vor der vorzüglichsten Waffe fürchtet sich der Tapfere nicht, aber vor dem persönlichen Muthe beugt er sich und muß er sich beugen, wenn dieser außer der niederschmetternden Gewalt einer vortrefflichen Waffe auch die höhere geistige Begabung zum Bundesgenossen hat. Es ist möglich, mit schlechten Waffen gegen gute zu siegen, wenn die gehobenen und gesteigerten geistigen und moralischen Kräfte den Unterschied in der Bewaffnung nicht nur aufwiegen, sondern ein entschiedenes Uebergewicht verleihen. Die Geschichte der Schweizerkriege, die Schlachten von Morgarten und Sempach und die mit Stöcken bewaffneten Prättigauer beweisen die Wahrheit des Ausspruchs, daß die Art der Bewaffnung nicht das Wichtigste, nicht das allein Entscheidende im Kriege sei.

Und hat „die Improvisation des Zündnadelgewehrs" wie sich die österreichischen Blätter auszudrücken belieben, auch nicht einzig und allein die Umwälzung im Herzen Europas herbeigeführt und „die Episode des alten Fritz" nach einer anderweitigen Ausdrucksweise der Wiener Zeitungen vor einem jähen Schlusse bewahrt, so hat das Zündnadelgewehr doch durch seine vorzüglichen Eigenschaften einen guten Theil der Erfolge für sich in Anspruch zu nehmen. Darin stimmen die Berichte des eigenen Heeres mit denen von feindlicher Seite überein und überall gewahrt man, jenseits des Rheines wie jenseits des Kanales, in der neutralen Schweiz wie in dem neutralen Belgien, in dem kriegsgerüsteten Italien wie in dem sich erholenden Dänemark, eine emsige Thätigkeit behufs Umwandlung der Bewaffnung der Infanterie. Ueberall sucht man nach Mitteln, einmal die vorhandenen Gewehre auf die angemessenste und dabei wenigst kostspieligste Weise in Hinterlader zu verwandeln, andererseits um ein neu einzuführendes Gewehr, das dem Zündnadelgewehr womöglich in Treffsicherheit und Ladeschnelligkeit überlegen, zu konstruiren.

Unter diesen Umständen erscheint es von hohem Interesse, einige Viertelstunden der Geschichte des Zündnadelgewehrs, seiner successiven Vervollkommnung, seinen kriegerischen Erfolgen zu widmen und daran eine Schilderung der Bestrebungen zu knüpfen, welche in den anderen Staaten seit längerer und namentlich in neuester Zeit aufgewendet worden sind, um eine Waffe zu erlangen, welche dem preußischen Zündnadelgewehr eine gefährliche Konkurrenz zu bereiten geeignet ist. Der Ueberblick über die Geschichte des Zündnadelgewehrs wird zeigen, wie vieler Versuche, wie vieler Zeit es bedurft hat, um dasselbe auf seinen jetzigen Stand der Vollkommenheit zu erheben und, wenn es nöthig sein sollte, den Beweis liefern, daß man auch mit dem festen Wunsche, ein den gegenwärtigen Anforderungen entsprechendes Gewehr zu besitzen, dasselbe doch erst nach Decennien in einer größeren Armee einzuführen und, was wichtiger, einzugewöhnen vermag.

Alle Erfindungen in den weiten Gebieten der Technik und Industrie haben eine geraume Zeit bedurft, bis sie sich Geltung und Anerkennung zu verschaffen wußten, alle Erfindungen zeigten

Anfangs der Mängel gar viele und wurden erst nach und nach durch mannigfache Erfahrungen auf dem Wege der Praxis und Empirie verbessert und vervollkommnet.

Im Jahre 1818 erfanden Prelat in Frankreich und Hull in England die Umänderung des Steinschloß- in das Perkussionsgewehr und erst im Jahre 1829 wurden die ersten Versuche Seitens der französischen Armee mit Perkussionsgewehren angestellt und eine geraume Zeit verging, ehe in allen Staaten die gesammte Infanterie mit Perkussionsgewehren ausgerüstet war.

Von den vielen Projekten, die damals auftauchten, bietet eines für den vorliegenden Zweck ein eigenthümliches Interesse, weil es eine gewisse Analogie mit dem Zündnadelgewehre zeigt. Es ist dieses der Vorschlag des Engländers Cooker, den sich derselbe im Jahre 1825 patentiren ließ und der im Wesentlichen darin bestand, daß eine in der Verlängerung der Rohrachse liegende Spiralfeder einen Hammer gegen das gleichfalls in der Rohrachse placirte Zündhütchen treibt.

Dem Zündnadelgewehr war es nicht beschieden, einen schnelleren Weg zu gehen, als alle übrigen Erfindungen, denn im Jahre 1827 konstruirte Dreyse das erste Zündnadelgewehr, im Jahre 1840 wurden bei ihm zunächst 60,000 dieser Gewehre in Bestellung gegeben, acht Jahre darauf wurden die Füsilierbataillone damit bewaffnet und erst nach den Erfolgen der Feldzüge von 1864 und 1866 hat das Zündnadelgewehr bei den übrigen europäischen Großstaaten sich Geltung verschafft, trotzdem sie es, wie unzweifelhaft feststeht, seit langer Zeit detaillirt kannten.

Der Name Dreyse ist mit dem Zündnadelgewehr so innig verknüpft, daß eine Geschichte des Gewehrs unwillkürlich sich an die biographischen Einzelnheiten dieses Mannes anschließen muß. So sei mir denn gestattet zu erwähnen, daß Nicolaus Dreyse am 20. November 1787 zu Sömmerda als Sohn eines für die damaligen Verhältnisse nicht ganz unbemittelten Schlossermeisters geboren wurde, demnach vor 10 Tagen seinen 79. Geburtstag gefeiert hat. Er erlernte die Profession seines Vaters und folgte dem damaligen Gebrauche, nach beendigter Lehrzeit den Wanderstab zu ergreifen, um sich für sein ferneres Leben einen Schatz von Erfahrungen einzusammeln. Zunächst wandte er sich im Jahre 1806 nach Altenburg und überschritt das Schlachtfeld von Jena wenige Tage nach der Schlacht. Auf demselben fand er noch unzählige sowohl französische als preußische Gewehre und unterfuchte mit Interesse die Steinschlösser und sonstigen Gewehrtheile, die durch seinem Metier verwandte Arbeiten hergestellt wurden. Von dieser Zeit her soll sich der Gedanke datiren, ein vervollkommnetes Infanteriegewehr herzustellen, der, zwar oft zurückgedrängt, sein Sinnen und Trachten immer wieder von Neuem erfüllt hat.

Nachdem er längere Zeit in Altenburg und später in Dresden gearbeitet hatte, nahm er im Jahre 1809 den Wanderstab wiederum in die Hand, um nach der Weltstadt an der Seine zu pilgern. In Paris war er in verschiedenen mechanischen und optischen Werkstätten thätig, arbeitete z. B. mit an dem für den König Joseph von Spanien bestimmten Staatswagen, ferner an dem Kinderwagen des Königs von Rom und auch an den Instrumenten des Leuchtthurms von Havre de Grace. Entscheidend für ihn wurde aber seine Thätigkeit in der Maschinen- und Gewehrfabrik von Pauly, deren Besitzer damit beschäftigt war, den Preis zu erlangen, den Kaiser Napoleon I. für die Konstruktion eines kriegsbrauchbaren Hinterladungsgewehrs ausgesetzt hatte. Die Konstruktion Paulys wurde zwar patentirt und belohnt, auch im Privatgebrauch mehrfach verwendet, von einer militairischen Prüfungs-Kommission aber als untauglich für den Kriegsgebrauch verworfen. Durch die mit dieser Erfindung Paulys zusammenhängenden Arbeiten und Versuche wurde Dreyse's Aufmerksamkeit wiederum auf das Feld der Gewehrfabrikation und die Verbesserung des Infanteriegewehrs gelenkt und zwar in so entschiedener Weise, daß man nicht mit Unrecht ausgesprochen hat, Kaiser Napoleon I. habe dem Dreyse die erste Idee zu dem Hinterladungsgewehre gegeben, trotzdem dergleichen Gewehre schon zu Ende des 15. Jahrhunderts existirten und trotzdem Dreyse beim Beginne seiner erfinderischen Thätigkeit bemüht war, zunächst ein Vorderladungsgewehr herzustellen und erst nach einer Reihe von Jahren zu der Hinterladungsmethode überging.

Einflußreich wurde für Dreyse ein anderer zufälliger Umstand während seiner Beschäftigung in der Paulyschen Fabrik. Er fand nämlich auf einem Blatte Papier eine Anweisung zur Erzeugung des Berthollet'schen Knallpulvers, das von Pauly angewendet wurde und mittelst dieser Vorschrift gelang es ihm schon in Paris, Knallpulver zu fabriziren.

In seine Vaterstadt nach dem 1. Pariser Frieden 1814 zurückgekehrt war Dreyse von dem Gedanken erfüllt, eine Fabrik verbesserter Paulyscher Gewehre zu begründen. Zur Realisirung dieser Idee entwarf er mehrere Modelle derartiger Gewehre, fand damit aber nicht den geringsten Anklang und entschloß sich deshalb, durch einen Zufall veranlaßt, zur Fabrikation von Eisenwaaren auf sogenanntem kalten Wege und mittelst Maschinen.

Das Bekanntwerden der Perkussionszündung und die damit zusammenhängende Umänderung der Steinschloßgewehre zu dieser neuen Zündungsmethode ließ in ihm den Wunsch entstehen, die Fabrikation der Zündhütchen zu betreiben und mit Unterstützung der Apotheker Baudius und Kahleis in Sömmerda und des Büchsenmachers Burchard in Weimar gelang es ihm, eine Zündhütchenfabrik zu etabliren und auf seine Fabrikationsmethode im Jahre 1824 ein Patent zu erhalten. Das war ein bedeutender Schritt zur Ausführung seiner Lieblingsidee. Und wiederum mußte ein Zufall ihn auf den rechten Weg verweisen.

Wiederholt waren Sendungen von Zündhütchen der Firma Dreyse und Collenbusch — denn mit dem Letzteren hatte der Erstere sich associrt — zurückgesendet, weil sie durch Feuchtigkeit unbrauchbar geworden. Zur Vermeidung dieses Uebelstandes versuchte Dreyse es, die Zündmasse der Hütchen durch ein Blättchen Papier gegen die Einwirkung der Feuchtigkeit zu schützen und da dieses nicht gelang, vielmehr die hygroscopischen Eigenschaften des Papiers auf ein schnelleres Verderben der Zündmasse hinwirkten, entschloß er sich, den Zündsatz durch ein Metallplättchen den atmosphärischen Einwirkungen zu entziehen. Eine bedeutende Lieferung der mit Papierblättchen versehenen und verdorbenen Zündhütchen war der Fabrik zurückgegeben. Um das theure Kupfer weiter zu benutzen und da das Herausschaffen der Zündmasse aus den einzelnen Zündhütchen zu umständlich war, beschloß Dreyse, die Hütchen durch Explosion des in ihnen enthaltenen Präparats zu reinigen. Nach mehrfachen Versuchen, wie dies am leichtesten auszuführen, fand es sich, daß ein Nadelstich das Ausbrennen des sehr empfindlichen Zündsatzes veranlaßte.

Nahe lag nunmehr der Gedanke, die Nadel zur Entzündung der Patronen zu benutzen, den Zündungsprozeß von Außen nach Innen zu verlegen und das Kupfer des Hütchens, als das theuerste Material derselben, fortfallen zu lassen, indem die Zündmasse in direkte Verbindung mit der Patrone gebracht wurde.

Hierauf basirt und von der Idee geleitet, daß der Zündungsprozeß in den bestehenden Gewehren zu rasch vor sich gehe und die Kugel, bevor die gesammte Pulverkraft entwickelt, den Lauf verlasse, konstruirte Dreyse im Jahre 1827 ein Gewehrmodell, bei dem statt des Schießpulvers ein Knallpräparat zur Anwendung kommen sollte. In den Boden der gewöhnlichen Schwanzschraube war ein etwa ½" starkes mit Messing gefüttertes Loch zur Leitung einer Nadel gebohrt. Aus diesem Gewehre wurden entweder ovale Kugeln, in welche das erforderliche Knallpräparat eingedrückt war oder runde Kugeln, in deren Gußansatz sich das Präparat befand, nachdem beide Sorten mittelst eines Spiegels in die richtige Lage zur Rohrachse und zur Nadel gebracht waren, geschossen. Die Nadel wurde durch eine einfache Vorrichtung vor- und zurückbewegt.

Um diese und mehrere andere Erfindungen weiter vervollkommnen zu können und gegen Nachbildungen zu schützen, wandte sich Dreyse unterm 10. August 1827 mit der Bitte an die Regierung zu Erfurt, ihn schützen und dem Finanzminister empfehlen zu wollen. Zufolge eines von der genannten Regierung gestellten Antrages gewährte das Ministerium des Innern dem Dreyse eine Summe zu einer Reise nach Berlin, um seine Erfindungen persönlich vorstellen zu können.

Eine Verwundung des Zeigefingers der rechten Hand mittelst eines Ladestockes beim Aufsetzen auf die sich dadurch entzündende Ladung verzögerte die Abreise Dreyse's bis zum Herbste, veranlaßte ihn aber andererseits auch auf den Gebrauch des Ladestockes gänzlich zu verzichten und die Ladung nur durch ihre eigene Schwere zu Boden fallen zu lassen.

In Berlin legte Dreyse dem Geheimrath Beuth und der technischen Kommission neben dem Modell einer Dampfmaschine auch 7 Gewehre verschiedener Konstruktion vor. Gleichzeitig unterrichtete er den Lieutenant v. Staff des 32. Infanterie-Regiments über die Einrichtung dieser Gewehre und die damit beabsichtigten Zwecke und bat denselben, sein Fürsprecher bei dem Kriegsminister zu werden. In Folge hiervon erhielt er unterm 19. Februar 1828 vom Minister die Mittheilung, daß die verschiedenen Gewehrkonstruktionen zwar äußerst sinnreich wären, daß der Benutzung derselben zu militairischen Zwecken aber so wie der Anwendung der als Ladung in Vorschlag gebrachten äußerst entzündlichen Masse sehr wesentliche, auf bereits gemachten Erfahrungen beruhende, Bedenken entgegenständen.

Nach seiner Rückkehr ersann Dreyse, um die Anwendung des gewöhnlichen Schießpulvers zur Ladung zu begünstigen, eine Vorrichtung, durch welche die Patrone am Boden des Gewehrs festgehalten werden sollte. Dieselbe bestand in einer an der rechten Seite des Laufes in der Höhe des Patronenlagers angebrachten Stellschraube, welche nach dem Laden angezogen wurde und dann die Patrone, mit der nun Spiegel und Kugel vereinigt waren, festhielt.

In Folge erneuerter Versuche wurden die mechanischen Einrichtungen des bisherigen Zündnadelgewehrs nach und nach dadurch vervollkommnet, daß der Hahn und die Schlagfeder beseitigt und statt derselben eine Spiralfeder angebracht wurde, welche außerhalb des Rohres um das untere Ende der Nadel gelegt, dieser die nöthige Schnellkraft verlieh. Ebenso wurde die an der rechten Seite des Laufes befindliche Stellschraube in einen Stift umgewandelt, der durch einen Schraubengang bewegt und mittelst eines außerhalb des Rohres angebrachten Eisenstückes mit der Nadel in Verbindung gebracht war, so daß beide behufs des Ladens und Fertigmachens in angemessene Bewegung traten, indem ein Hebel gleichzeitig den Haltungsstift löste und die Nadel nebst der sie bewegenden Spiralfeder hinter den Stollen der Abzugsfeder zurückdrückte.

Am 1. Februar 1828 reichte Dreyse die Beschreibung seiner neuen Erfindungen dem Ministerium des Innern ein, erwähnte darin der vorgenommenen Verbesserungen und erklärte seine Absicht, um Patentirung derselben einzukommen, die denn auch auf sein Gesuch vom 14. April 1828 wirklich unterm 22. April desselben Jahres auf 8 Jahre ertheilt wurde.

Die Patronen, welche in dieser Erstlingsperiode der Erfindung aus den Gewehren geschossen wurden, waren Einheitspatronen, an deren Boden die Zündmasse äußerlich angebracht war, so daß die Zündung an dem unteren Theile der Patronen und nicht wie heute an dem oberen Theile derselben Statt fand.

Bei Benutzung dieser mit großem Spielraum von der Mündung aus geladenen Patronen trat wiederholt eine bedeutende Verschleimung des Laufes ein, welche ihrerseits den Fall der Patronen und das gute Schießen beeinträchtigte. Um diesen Uebelstand zu vermeiden, kam Dreyse auf die Idee, in das Loch der Schwanzschraube einen gewöhnlichen Zündstift des Perkussionsgewehrs zur Führung der Nadel einzuschrauben, das Pulver lose in den Lauf zu schütten, so daß sich dasselbe um den Zündstift lagert und darauf die Kugel fallen zu lassen, welche in einen von Pappe gepreßten Spiegel, in welchen ein gewöhnliches Zündhütchen vor dem Schießen befestigt wurde, eingesetzt war. Später versuchte er, da er schon früher Zündhütchen aus den verschiedensten Metallsorten und selbst aus Papier fabrizirt hatte, die Zündmasse unmittelbar in den Spiegel zu pressen, wodurch, da dieses vollkommen gelang, die getheilte Patrone in Anwendung kam.

Um die genaue Führung der Nadel und zugleich auch den ringförmigen Lagerraum für das Pulver und den Rückstand zu vergrößern, ward später der in der Richtung der Rohrachse vorstehende Conus des Nadelrohres soweit verlängert, daß zwischen dem zuerst eingeschütteten Pulver und dem Spiegel des Spitzgeschosses noch ein kleiner freier Raum übrig blieb. Diese Einrichtung bot im Vergleich mit der jetzt bestehenden offenbar den Vortheil dar, daß die Nadel das Pulver nicht zu durchstoßen, sondern nur um ein geringes Maß vorzuschnellen brauchte, damit die unmittelbar vor ihr befindliche Zündmasse entzündet werde.

Andererseits war aber die Erfindung in Bezug auf die Eigenthümlichkeit der Zündung, welche im Gegensatz zu allen bis dahin in Anwendung gekommenen Zündungsmethoden gegen jeden äußeren Einfluß und namentlich gegen den der Witterung gesichert ist, da sie im Innern des Laufes geschützt vor sich geht und jegliche Feuererscheinung von dem Auge des Schützen fern hält, so wie jegliche Verletzung durch herumspritzende Zündhütchenfragmente unmöglich macht, im Wesentlichen als beendigt anzusehen, zumal sie bei den letzten Versuchen vom Projektil aus nach hinten erfolgte.

Inzwischen trat Dreyse zur Verwerthung seiner Erfindung auch mit einigen fremden Regierungen in Verhandlung. Sachsen-Meiningen erbot sich zur Ertheilung eines Patentes, Dänemark zum Ankauf der Erfindung. Auch der österreichischen Regierung wurde dieselbe offerirt, der damalige österreichische Gesandte in Berlin gab aber das erhaltene Modell mit der Aeußerung zurück, „daß er keinen Gebrauch davon machen könne, da es in Wien auch gescheute Leute gäbe."

Ende Oktober 1829 als Se. Königl. Hoheit Prinz Wilhelm von Preußen, des jetzt regierenden Königs Majestät, sich am Großherzoglichen Hofe zu Weimar befanden, wurde Dreyse dorthin befohlen, um sein neues Gewehr vorzulegen. Se. Königl. Hoheit ließen sich das Gewehr erklären und feuerten selbst einige Schuß. Im Ganzen geschahen 50 Schuß, theils um die Treffähigkeit und Durchschlagskraft, theils die Schnelligkeit des Schießens und die Sicherheit der Entzündung zu zeigen. Se. Königl. Hoheit bezeugten seine besondere Zufriedenheit, bestellten für sich ein derartiges Jagdgewehr und sprachen die Absicht aus, die Erfindung in Berlin zu empfehlen. Se. Majestät der König sind daher der älteste Gönner und Beschützer des Zündnadelgewehrs.

Hierdurch ermuthigt wandte sich Dreyse unterm 11. Januar 1830 wiederum an die Regierung zu Erfurt, indem er derselben einen Bericht über die mit seinem Gewehr vorgenommenen Verbesserungen übersandte; als Bescheid erhielt er unterm 23. Januar von der genannten Behörde die Mittheilung, daß sie Veranlassung genommen habe, Höheren und Allerhöchsten Ortes der Vervollkommnung seiner Gewehre für den Militairgebrauch Erwähnung zu thun. In Folge hiervon erging unter dem 23. März 1830 Seitens des Kriegsministers v. Hake an Dreyse die Aufforderung, ein Exemplar seines verbesserten Zündnadelgewehrs zur Kenntnißnahme und eventuellen Prüfung dem Kriegsministerium einzureichen.

Dreyse hegte die Besorgniß, daß ohne seine persönliche Anwesenheit die Prüfung vielleicht nicht ganz vorurtheilsfrei Statt finden würde und folgte daher der ihm gewordenen Aufforderung nicht direkt, sondern übergab am 4. April 1830 dem damaligen Regierungsrath Werneburg, der sich für diese Angelegenheit ungemein interessirte und in die Kenntniß derselben vollständig eingeweihet war, ein Exemplar, das dieser, da er eben im Begriff stand, nach Berlin zu reisen, dem Kriegsminister persönlich vorlegen wollte. Werneburg gelang es jedoch nicht, den Kriegsminister zu sehen, die Angelegenheit blieb daher bis zum Oktober in der Schwebe.

Inzwischen gingen die Versuche fort und traten mehrfache Verbesserungen ein. So wurde z. B. das Nadelrohr an die Stelle des Zündstiftes gesetzt, wie bereits erwähnt, um der Nadel eine bessere Führung zu geben und einen genügend großen Raum am Boden des Gewehrs zur Aufnahme des Rückstandes zu schaffen. Außerdem wurde die Wichtigkeit des Spiegels, der Anfangs nur als Kugellager betrachtet wurde und nebenbei den erforderlichen ziemlich großen Spielraum ermäßigen sollte, immer mehr und mehr erkannt.

Gelegentlich des Einrückens des 3. Armeekorps in den Bereich des 4. Armeekorps erhielt das Füsilier=Bataillon 20. Infanterie-Regiments Quartier in Sömmerda. Der bei demselben stehende damalige Hauptmann Priem fand in seinem Quartiere ein Jagdgewehr eigenthümlicher Konstruktion vor, das ihn so lebhaft interessirte, daß er sich bewogen fand, den Erfinder Dreyse aufzusuchen. Auf die Frage, weshalb das Gewehr nicht für den Militairgebrauch eingerichtet werde, schüttelte der Konstrukteur betrübt den Kopf und erwiederte, er habe bereits zu wiederholten Malen Gewehre dieser Art nach Berlin gesendet, man habe der Sache aber keine Aufmerksamkeit geschenkt, so daß er die Hoffnung aufgeben müsse, der Erfindung in seinem Vaterlande Eingang zu verschaffen. Die kostspieligen, mehrjährigen Versuche hätten seine Mittel stark in Anspruch genommen, er wäre daher genöthigt gewesen, sich an das Ausland zu wenden und in Folge davon ständen, er und sein Associé Collenbusch, mit der württembergischen Regierung in Verbindung und Unterhandlung, um eine Fabrik in Württemberg zu etabliren.

Hauptmann Priem interessirte sich für die Gewehrkonstruktion so ungemein, daß Dreyse an ihm eine überaus kräftige Unterstützung gewann, so daß vom Jahre 1830 ab die weitere Ausbildung des Zündnadelgewehrs wesentlich sich in den Händen dieser beiden Männer befand, von denen der Eine mehr als Erfinder und Techniker, der Andere mehr als Militair wirksam war. Der von Dreyse an den Correspondenten der Zeitschrift „Daheim" gerichtete Ausspruch, daß es ihm allein nie gelungen wäre, seine Erfindung zur Geltung zu bringen, dürfte als volle Wahrheit gelten können, denn außer Hauptmann Priem und General v. Witzleben ist auch General v. Peucker einer der eifrigsten Vertreter der neuen Waffe gewesen und wesentlich den unabläsigen Bemühungen dieser drei Männer ist es zu danken, daß sie trotz aller Einwendungen und Reklamationen, die sich zum größten Theile an die liebe alte Gewohnheit klammerten, zur Einführung gelangte. In Folge hiervon wurde seiner Zeit General v. Peucker außer der Tour zum Oberstlieutenant befördert, während der nunmehrige, fast erblindete, Generalmajor v. Priem, mehrfach Allerhöchsten Ortes Auszeichnungen für seine Mitwirkung bei der Vervollkommnung des Zündnadelgewehrs erhalten hat. Des hochseligen Königs Majestät erhoben ihn in den Adelstand und verliehen ihm ein Wappen mit dem Zündnadelgewehr; des jetzt regierenden Königs Majestät erfreuten den Veteranen am 17. September dieses Jahres, also wenig Tage vor dem Einzuge der siegreichen Truppen in die Residenz, mit dem Rothen Adler-Orden 2. Klasse mit Eichenlaub und zwar wie die Allerhöchste Kabinets-Ordre sich ausdrückte „in Anerkennung seiner Verdienste um die überlegene Bewaffnung der Armee."

Außer Priem nahm aber auch der Oberst Lebauld de Nans auf einer Inspicirungsreise am 3. Oktober 1830 in Sömmerda Kenntniß von dem Dreyseschen Gewehr und veranlaßte den Erfinder mit einem derartigen Jagdgewehr zur Anstellung von Versuchen nach Erfurt zu kommen.

Dreyse folgte dieser Aufforderung, reiste am 6. Oktober 1830 nach Erfurt, wurde hier dem General v. Thile vorgestellt und hielt in Gegenwart desselben und vieler Offiziere unter spezieller Assistenz des Hauptmann Priem eine Schießprobe ab, die zur Zufriedenheit der Anwesenden ausfiel. Dreyse mußte versprechen, am 8. Oktober mit einem Militairgewehr und der erforderlichen Munition wieder nach Erfurt zu kommen. An diesem Tage wurden die Schießversuche unter Leitung des Hauptmann Priem wiederum in Gegenwart des General v. Thile vorgenommen und namentlich ein Parallelschießen mit dem gewöhnlichen Infanteriegewehr angestellt. Diese Versuche fielen zur besonderen Zufriedenheit des Generals v. Thile aus und veranlaßten denselben, darüber an den General v. Witzleben zu berichten.

Das Gewehr war damals, dem heutigen Zündnadelgewehr gegenüber, freilich noch eine sehr unvollkommene Waffe. Es wurde von der Mündung aus geladen, das Pulver wurde in den nicht mit Zügen versehenen Lauf geschüttet, dann mußte man die in dem Zündspiegel befestigte Kugel in den Lauf herabfallen lassen, ein Haltungsstift hielt den Spiegel fest, damit die Nadel die daran befindliche Zündpille sicher treffe und mittelst eines nicht sehr vollkommenen Mechanismus erhielten Haltungsstift und Zündnadel ihre Bewegung — aber dennoch war den bestehenden Gewehren das neue in mehr als einem Punkte überlegen — der Fortfall des Ladestockes vergrößerte die Ladeschnelligkeit, der Zündungsprozeß war ein gesicherter, die bessere Verwerthung der Pulverkraft war durch die Entzündung der Ladung an ihrem vorderen Theile gewährleistet.

Am 14. Oktober 1830 kam Hauptmann Priem nach Sömmerda, um einer Schießübung mit verschiedenen Patronenarten beizuwohnen, an denen entweder der Spiegel nur unten an der Seite der Zündpille unregelmäßig geschlitzt und die Kugel aufgeleimt oder letztere mit einer aufgeschobenen Papierkappe versehen war.

Am 16. Oktober fand darauf ein dritter Versuch mit dem früher benutzten Gewehre in Erfurt Statt. In Folge dieser Versuche und der darüber erstatteten Berichte bekam Dreyse den Auftrag, zehn alte Gewehre aus den Beständen des Artilleriedepot Erfurt nach seinem System umzuändern und, wenn dieses geschehen, mit den aptirten Gewehren in Gemeinschaft des Hauptmann Priem nach Berlin zu kommen.

Inzwischen war von der württembergischen Direktion des Arsenals zu Ludwigsburg an Dreyse und Collenbusch die Anfrage ergangen, wie viel sie für die Erlaubniß zur Nachahmung ihrer Erfindung verlangten; unter den nun günstig sich gestaltenden Auspicien lehnten beide weitere Verhandlungen ab.

Die Umänderung der vorgenannten 10 alten Militairgewehre war Anfangs November beendet, so daß im Laufe dieses Monats zu Berlin von der damals bestehenden Kommission zur Prüfung der Perkussionszündung unter Vorsitz des Oberst v. Neumann mit den aptirten Gewehren mehrfache Versuche stattfanden, welche zwar die Wichtigkeit der Erfindung herausstellten, zugleich aber auch darthaten, daß die Treffähigkeit der versuchten Gewehre geringer als die der reglementsmäßigen Infanteriegewehre war. Wenn auch die Verringerung der Treffähigkeit durch die stark ausgeschossenen Läufe der umgeänderten Gewehre erklärlich war, so glaubte die Kommission doch, daß auch bei neuen Gewehren diese Erscheinung in Folge des nothwendig größeren Spielraums eintreten werde.

Unterm 12. Januar 1831 verfügte deshalb der Kriegsminister, daß das Artilleriedepot zu Erfurt dem Dreyse 10 neue Infanteriegewehre zur Umänderung übergeben solle, von denen zwei zum Laden mit dem Ladestock nach einer mündlichen Aeußerung Dreyse's, um den Spielraum zu verringern, eingerichtet und demnächst die Versuche mit den 10 aptirten Gewehren in Erfurt fortgesetzt werden sollten. Zugleich erging an Dreyse die Aufforderung, seine

Erfindung geheim zu halten. Die Wahl Erfurts zu den Versuchen hatte Hauptmann Priem erwirkt, um näher an der Fabrik zu sein und etwaige Störungen leichter und schneller beseitigen zu können.

Die Versuche zu Erfurt unter Vorsitz des Oberstlieutenant v. Knappe nahmen mehrere Monate in Anspruch und ehe eine Entscheidung über sie erfolgte, ging Dreyse, um eine größere Einfachheit der Manipulation beim Laden zu gewinnen, wieder zum Gebrauche der früher benutzten Einheitspatronen über, bei denen Kugel, Spiegel mit Zündpille und Pulver in einer Hülse von leichtem wollenen Zeuge vereinigt waren, demnach auf einmal geladen wurden.

Am 18. Februar 1832 erhielt er über die zu Erfurt ausgeführten Versuche Seitens des Kriegsministeriums die Mittheilung, daß, nachdem auch die Kommission zur Prüfung militairwissenschaftlicher und technischer Gegenstände darüber ihr Urtheil abgegeben, Se. Majestät der König ihm ein Gnadengeschenk von 500 Thalern für die bei der Erfindung aufgewendeten Mühen und Kosten bewilligt und bestimmt habe, daß er aufzufordern sei, die von der erwähnten Kommission zur Sprache gebrachten Mängel des Gewehrs zu verbessern, dasselbe überhaupt mit Rücksicht auf den Gebrauch für die Armee zu vervollkommnen und die ganze Angelegenheit auch ferner zu secretiren.

Einer der gerügten Mängel bestand darin, daß sich an dem Gewehr kein Zustand gleich dem „Hahn in Ruh" befinde, indem dasselbe entweder gespannt sein müsse oder die Patrone keinen Halt im Laufe habe und beim Neigen des Gewehrs dem Herausfallen ausgesetzt sei. Zur Hebung dieses Uebelstandes sollte eine einfache Vorrichtung erdacht und an einem der in Erfurt versuchten Gewehre probeweise angebracht werden. Außerdem sollte eine einfache Platzpatrone in Vorschlag gebracht werden. Sobald beides geschehen, wollte der Kriegsminister über die ferner anzustellenden Versuche bestimmen, indem er dabei bemerkte, daß diese sich dann auch auf die Dauer der Gewehre bei einer größeren Anzahl daraus zu verfeuernder Schüsse, auf eine ausgedehnte Prüfung der Fertigung der Patronen, auf die Konservation des Zündpräparates bei längerer Aufbewahrung und weiterem Transporte und dann, nach Maßgabe der Resultate, auch auf das Verhalten der Gewehre beim Gebrauch durch die Truppen während einer längeren Zeitperiode erstrecken würden.

Unter dem 18. März 1832 berichtete Dreyse, daß er zuerst an den Erfurter Gewehren eine Federvorrichtung zur Hemmung des Abzuges angebracht habe, daß diese aber von den Mitgliedern der dortigen Kommission für überflüssig und störend erklärt worden, so daß er nunmehr zu einer zweckmäßigen und soliden Schiebervorrichtung übergegangen sei, die dem erstrebten Zwecke entspreche. Im Uebrigen glaubte er das Zündnadelgewehr so vervollkommnet zu haben, daß er sowohl in Betreff der mechanischen Einrichtungen desselben, als auch in Rücksicht der Zweckmäßigkeit und Dauer der Munition das Urtheil auch der strengsten Kommission nicht scheue, und bat deshalb, seine Erfindung nach jeder Richtung zu prüfen, wobei er nur dem Wunsche Ausdruck verlieh, dieselbe nicht aus den Händen geben, sondern persönlich alle Einwürfe beantworten zu dürfen. In Bezug auf die ihm auferlegte Geheimhaltung erklärte er, daß er sich derselben nach Kräften befleißigen wolle, daß ihm dieselbe unter seinen Verhältnissen aber so ungemein erschwert werde, daß er, um allen späteren Vorwürfen zu entgehen und seine Erfindungen und Erfahrungen ihrem ganzen Umfange nach dem Staate zu erhalten, seine Anstellung als Direktor einer Normalwaffenfabrik zu beantragen wage.

Unter dem 14. März 1832 theilte der Kriegsminister dem Dreyse die Ansicht der Kommission zur Prüfung militairwissenschaftlicher und technischer Gegenstände über die Einheitspatronen für kleine Feuerwaffen mit, welche dahin ging, daß dieselben nur in Bezug auf die Vereinfachung der Manipulation des Ladens vor den früheren getheilten Patronen Vortheile darböten, dagegen müsse bei der Fertigung derselben eine übergroße, kaum zu erreichende Sorgfalt aufgewendet werden, um die genaue Länge und damit zusammenhängende richtige Lage der Patrone im Laufe, wodurch die Wirkung des Haltestiftes bedingt sei, stets zu erlangen. Ferner war die Kommission der Meinung, daß die Patronenhülsen von dünnem wollenen Zeuge beim Transport leiden würden, so daß dadurch die Sicherheit der Zündung gestört werden könnte, indem die Nadel durch die fest eingedrückte oder wohl gar in Klumpen geballte Pulverladung dringen müsse und sprach schließlich die Befürchtung aus, daß durch das Zurückbleiben von schwelenden Fragmenten der wollenen Hülse Selbstentzündungen hervorgerufen werden könnten.

In Folge des früher erwähnten Schreibens vom 18. März wurde Dreyse unter dem 13. April 1832 aufgefordert, das von dem Artillerie-Depot zu Erfurt erhaltene Gewehr, welches er mit einer Schiebervorrichtung versehen hatte, sowie einige für dasselbe gefertigte Platzpatronen ohne Pulverfüllung einzusenden. Es wurde ihm dabei mitgetheilt, daß, wenn bei den ferneren Versuchen mit seinem Gewehr seine persönliche Zuziehung erforderlich werden würde, sie jedesmal erfolgen solle, daß die Prüfung seiner Erfindung aber auch ohnedieß mit derselben Sorgfalt und demselben Interesse, wie bisher, geschehen werde, und daß auf die Errichtung einer Fabrik zur Herstellung seiner Gewehre und seiner Anstellung bei derselben vor definitiver Annahme seines Systems nicht reflektirt werden könne.

Am 28. April 1832 sendete Dreyse das mit der Schiebervorrichtung versehene Gewehr und die verlangten Platzpatronen nach Berlin. Das Erstere wurde der Kommission zur Prüfung militairwissenschaftlicher und technischer Gegenstände zur Begutachtung übergeben, und sprach dieselbe ihr Urtheil dahin aus, daß die Schiebervorrichtung zwar den Abzug hemme, das Gewehr aber bei dem geringsten Stoße losgehen könne, wenn die Abzugsfeder geschwächt wäre und der daran befindliche, die Spiralfeder hemmende Stollen sich abgenutzt habe oder die Feder nach dem Putzen nicht sehr sorgfältig angeschraubt worden. Die Hemmung müsse deswegen, nach der Ansicht der Kommission, auf die Zündnadel selbst wirken. Das Kriegsministerium überließ in seinem Schreiben vom 24. Juni 1832 dem Erfinder, diese Bemerkungen bei der Anfertigung von Zündnadelgewehren zu den bevorstehenden Versuchen zu berücksichtigen.

Dergleichen größere Versuche wurden um diese Zeit wirklich beabsichtigt, denn der nach Sömmerda gekommene Major v. Peucker

verabredete in der ersten Hälfte des Juni die Neufertigung von 30 Zündnadelgewehren und die Umänderung von 30 Stück neuen Steinschloßgewehren in Zündnadelgewehre mit Dreyse. Von den neuen sowohl wie von den umgeänderten Gewehren sollten je
10 Stück zu getheilten Patronen,
10 Stück zu Einheitspatronen und
10 Stück zu Patronen beiderlei Art
eingerichtet werden. Die Fertigung sollte in Sömmerda auf Staatskosten bewirkt und spätestens innerhalb zweier Monate beendet werden. Die eine Hälfte der neuen Läufe sollte aus Suhl, die andere aus Potsdam geliefert werden, um die gleichzeitig zum Versuch kommenden Perkussions- und Steinschloßgewehre aus letzterer Fabrik einem schärferen Vergleiche unterwerfen zu können.

Dem Dreyse wurde gestattet, diejenigen Verbesserungen an den neu zu fertigenden Gewehren anzubringen, welche in Folge der Eigenthümlichkeiten des Zündnadelgewehrs in Bezug auf
einen leichteren Ladestock,
eine dadurch bedingte leichtere Schäftung und Garnitur,
eine durch den leichteren Schaft etwa nothwendig werdende veränderte Befestigung des Bajonets und
eine durch die Entbehrlichkeit des Ladestocks zum Laden des Gewehrs möglich werdende Verkürzung des Bajonethalses und eine geradere Stellung des Bajonets selbst
zulässig erschienen.

Alle übrigen Theile sollten unverändert bleiben.

Für jedes der 60 Versuchsgewehre wurden 1000 Platzpatronen und 2000 scharfe Patronen designirt. Die Hälfte dieses Munitionsquantums sollte in Sömmerda vollständig fertig gemacht und an das Artilleriedepot zu Berlin gesandt, das Pulver dazu aber geliefert werden, um für alle Versuchspatronen ein und dasselbe Pulver zu benutzen. Die andere Hälfte der Munition sollte von den Truppen in Berlin gefertigt werden, zu welchem Zwecke Dreyse die erforderlichen Zündspiegel und einen Satz Geräthschaften zur Fertigung der Patronen von solcher Einrichtung, daß sie bei den Laboratorienkolonnen ins Feld mitgeführt werden können, nach der Hauptstadt senden mußte.

Um die Fertigung der Spiegel praktisch zu zeigen, sollte der zehnte Theil der zum Versuche designirten Patronen vollständig, also einschließlich der Spiegel, in Berlin gefertigt werden und dann eine disponible Munitionsreserve bilden.

Zur Erprobung der Widerstandsfähigkeit der Patronen gegen Feuchtigkeit und den Transport sollten schließlich 100 scharfe Patronen für jedes Gewehr sobald als möglich und jedenfalls vor Beginn der Schießversuche nach Berlin gesendet werden.

Auf den Wunsch von Dreyse sollte ein schon mit dem Gewehr vertrauter Offizier bei den Versuchen zugegen sein, und wurde hierzu Hauptmann Priem bezeichnet.

Unter dem 23. Juli 1832 wurde dem Dreyse mitgetheilt, daß Se. Majestät der König seine Anwesenheit bei den Versuchen oder seine Vertretung durch seinen Bruder gestattet und ihm, insofern seine Erfindung zur Einführung für die Armee geeignet befunden werden sollte, eine Anstellung im Königlichen Dienst mit 1000 Thaler Gehalt und Pensionsberechtigung zuzusichern geruhet habe.

Am 24. September 1832 bestimmte das Königliche Allgemeine Kriegsdepartement, daß zu den Versuchen nur verbesserte Einheitspatronen, wie sie Dreyse unter dem 7. September vorgeschlagen, d. h. in Papierhülsen gefertigt werden sollten.

Am 27. November 1832 übersandte Dreyse die 30 neugefertigten Gewehre an das Artilleriedepot zu Erfurt, nachdem die umgeänderten bereits Anfangs des Monats dahin geschickt waren und begab sich selbst Mitte Dezember nach Berlin, wo die Versuche am 21. Dezember begannen.

Aus den Gewehren wurden, wie bereits erwähnt, entweder Einheitspatronen oder getheilte Patronen oder beide Arten zugleich verschossen, demgemäß waren die Kammern, Nadeln und Nadelröhren länger oder kürzer.

Die Versuche dauerten bis spät in das Jahr 1833 hinein und konstatirten, daß die versuchte Gewehrkonstruktion zwar viele Vorzüge besitze, aber in ihrem augenblicklichen Stadium noch keineswegs genüge, sondern mancherlei Verbesserungen bedürfe und deren auch fähig sei.

Dreyse, der die Mängel des Gewehrs durch eigene Anschauung bei den Versuchen klar erkannt hatte, bemühte sich, nachdem er Anfangs 1833 von Berlin zurückgekehrt war und sich hier durch seinen Bruder vertreten ließ, die Waffe zu verbessern und das Zündnadelsystem auch für die Jägerbüchse anwendbar zu machen.

Zu letzterem Zwecke konstruirte er eine Büchse mit einem Cylinderschloß, welches die Spiralfeder und den Nadelbolzen aufnahm und vor dem Laden so weit zurückgezogen wurde, daß die Zündnadel-Einheitspatrone mittelst des Ladestockes ohne Gefahr von der Mündung aus geladen werden konnte. Die Patrone glitt durch die Züge des gewöhnlichen Büchsenlaufes, wurde in eine längere conische Kammer eingedrückt und in derselben festgehalten, ohne daß es eines Haltestiftes bedurft hätte. Die Versuche mit dieser Büchse ergaben Anfangs nicht günstige Resultate, da namentlich das Aufstoßen der Patrone auf die Nadel gefahrbringend war.

Inzwischen konstruirte Dreyse, der sich trotz seiner Versuche mit der Büchse unausgesetzt mit der Verbesserung des Zündnadel-Infanteriegewehrs beschäftigt hatte, das sogenannte Traubengewehr, bei dem statt der Schwanzschraube mit dem Schwanzstück ein in Form einer Traube gestaltetes Eisenstück hinten an das Rohr angeschraubt wurde, welches seinerseits die Spiralfeder nebst dem Nadelbolzen aufnahm.

Gleichzeitig hatte Dreyse seine Aufmerksamkeit auf die Fabrikation der Zündspiegel gerichtet, da er deren Einfluß auf das gute Schießen in steigendem Maße erkannt hatte. Er kam zu der Ueberzeugung, daß die feste Einlagerung der Zündpille, sowie äußere Egalität und Genauigkeit von wesentlichem Einflusse seien, damit jede Deformation des Spiegels vermieden und derselbe beim Schießen die ganze Pulverkraft aufnehme, damit die gehörig eingelagerte Kugel erst durch ihn in Bewegung gesetzt werde, weil durch ein Ueberströmen der Pulvergase die Kugel eine größere Geschwindigkeit als der Spiegel erhält und der Zweck des Letzteren, die Erstere zu führen und den Spielraum auszufüllen, nicht erreicht werden kann.

Um diesen Zweck möglichst zu sichern und jede Trennung der Kugel vom Spiegel zu vermeiden, wurde später das Einkleben der Kugeln in die Hülsen aufgegeben und dagegen das Ueberbinden der letzteren über der Kugel angenommen.

Eine besondere Schwierigkeit verursachte die Herstellung einer zweckmäßigen Platzpatrone, da einerseits der Spiegel zu fest zusammenhielt und beim Gebrauche gefährlich wurde, andererseits die Patrone wegen ihrer zu großen Leichtigkeit nicht zu Boden fiel und deshalb häufige Versager eintraten. Erst nach einer Reihe von Versuchen gelang es, eine geeignete Platzpatrone zu kombiniren, indem man einen kleinen Kern mit der Zündpille leicht preßte und diesen mit einem umwickelten Papierstreifen ohne Kleisterung den Spiegel nebst Kugel vertreten ließ.

Da die neu konstruirten Traubengewehre bei einigen mit ihnen zu Berlin angestellten Versuchen einen Fortschritt gegen die bisher vorgelegten Gewehrkonstruktionen dokumentirten, so wurden unter dem 30. Oktober 1833 bei Dreyse 1100 derselben in Bestellung gegeben, um damit 2 Bataillone zur Ausführung umfassender Prüfungen zu bewaffnen. Dreyse war über diese erste größere Bestellung hocherfreut und schrieb unter dem 5. November 1833 an den inzwischen zum Major und Kommandeur des Wrietzener Landwehrbataillons ernannten Priem:

„Denken Sie sich, wie manches politische Ereigniß, wie manche gewöhnliche Naturbegebenheit konnte Ursache des Nichtgelingens unserer wichtigen Sache für den Staat werden. Aber nein — es sollte werden! Unaufhaltsam ist der Schritt zum Vorwärts geschehen. Der 30. Oktober 1833 mußte es praktisch beweisen und öffentlich proklamiren. — Dieser merkwürdige Tag, er wird der Geschichte denkwürdig bleiben."

So weit Dreyse's freudestrahlende Worte.

Zur Bewaffnung mit den Traubengewehren kamen die Füsilierbataillone des 20. und 24. Infanterie-Regiments in Vorschlag; General v. Witzleben ging hierauf aber nicht ein, weil er die Ansicht aussprach, daß dann jeder Gesandschaftssekretair ohne große Mühe Kenntniß von der neuen Waffe gewinnen könne.

Um das Geheimniß so weit wie möglich zu bewahren, wurden die in Graudenz und Glatz garnisonirenden Füsilierbataillone des 4. und 11. Infanterie-Regiments zur Bewaffnung mit den Traubengewehren ausgewählt und Major Priem für Graudenz und Lieutenant v. Garn für Glatz als Instruktoren und Kommissionsmitglieder bestimmt.

Im Oktober 1834 war die Fertigung der bestellten 1100 Traubengewehre beendigt und gegen Ende des Jahres wurde zur versuchsweisen Bewaffnung der genannten Bataillone geschritten.

Während der Ausführung dieser Versuche strebte Dreyse unausgesetzt nach Vervollkommnung der Gewehre und deren Munition. In Bezug auf letztere wurde seine Aufmerksamkeit wiederum auf die Spiegel gelenkt. Die letzteren waren bis dahin behufs des Aufblähens und dichten Anschlusses an die Laufwände oben und unten nur unbedeutend und in unregelmäßiger Weise aufgeschlitzt worden. Dreyse fand, daß eine gleichmäßige Schlitzung viel zur Verbesserung des Schießens beitrug und konstruirte daher eine Schlitzmaschine, mittelst welcher die Spiegel oben und unten ganz regelmäßig geschlitzt werden konnten. Diese Maschine trat am 25. Februar 1835 in Wirksamkeit.

Ebenso genügte ihm die durch das Traubengewehr bewirkte Vereinfachung der Konstruktion nicht, weil der Schütze vorkommenden Falles immer noch genöthigt war, die Traube mittelst eines Schraubenschlüssels abzuschrauben, um die Theile des Schloßmechanismus einzeln herausnehmen zu können. Diese Operation erschien ihm für den feldmäßigen Gebrauch zu umständlich und daher nachtheilig. Er konstruirte deshalb das sogenannte Cylinderschloßgewehr, indem er einen hohlen Cylinder zur Aufnahme der Spiralfeder und des Nadelbolzens mit der Nadel bestimmte und diesen Cylinder als selbstständiges Schloß hinten in den Lauf schob. Eine über diesem Cylinder ruhende Feder faßte vorn mit einem halbmondförmigen Ansatz, der als Verschluß diente, vor dem Nadelbolzenkopf in den Cylinder und hatte am hinteren Ende eine Rast, welche, nachdem das Schloß in den Lauf geschoben war, in eine Ausfräsung desselben trat und hierdurch das Schloß mit seinen Theilen im Laufe festhielt. Diese Anordnung formirte eine bedeutende Vereinfachung, denn die nach ihrer Funktion mit dem Namen der Sperrfeder belegte Feder konnte ohne irgend ein mechanisches Hülfsmittel gelöst und eingesetzt werden, so daß die Schnelligkeit des Auseinandernehmens und Zusammensetzens des Gewehrs außerordentlich gewonnen.

Behufs des leichteren Ladens wurden die Einheitspatronen für dieses Cylinderschloßgewehr adoptirt und bei Fortlassung des Haltungsstiftes eine verlängerte conische Kammer, wie bei der Büchse, für dasselbe angenommen; in diese lagerte sich die Patrone beim Hineinfallen fest.

Dergleichen Cylinderschloßgewehre wurden im Jahre 1835 in Graudenz und Glatz mit je 100 Stück per Bataillon geprüft, doch wurden aus ihnen bei diesen Versuchen nur getheilte Patronen verfeuert, da das Kriegsministerium die Anwendung der Einheitspatronen besonders geheim zu halten wünschte.

Bei diesen Versuchen nutzten sich die Sperrfeder-Rasten in nicht geringem Grade ab, so daß das Verlieren der Cylinderschlösser dem Bereiche der Möglichkeit sehr nahe gerückt war. Zur Begegnung dieses Uebelstandes konstruirte Dreyse ein Cylinderschloß ohne Sperrfeder, in das die Schloßtheile von hinten eingeschoben wurden, während es selbst durch ein Traubenstück hinten einen Schluß erhielt. Das Vor- und Zurückschieben des Cylinders wurde durch einen daran befindlichen Griff mit Knopf vermittelt, der in einen an der Seite des Laufes befindlichen Schlitz eintrat; nach dem Vorschieben des Schlosses wurde dasselbe im Laufe befestigt, indem der knopfartige Griff in einen zu dem Längenschlitze geneigten Einschnitt eingedrückt wurde.

Mit sechs auf diese Weise verbesserten Cylinderschloßgewehren wurden im Frühjahr 1836 zu Berlin Versuche angestellt.

Während in ununterbrochener Thätigkeit das glatte Zündnadelgewehr vervollkommnet und wiederholten Prüfungen unterworfen wurde, hatte Dreyse die Versuche mit der früher erwähnten Zündnadelbüchse nicht ruhen lassen, ohne daß es ihm gelungen war, die Gefährlichkeit des Ladens zu beseitigen. Hierdurch wurde er veranlaßt, das Laden von der Kammer aus für diese

Gewehre zu versuchen und ein Modell zu diesem Zwecke zu entwerfen, das dem heutigen Zündnadelgewehr zu Grunde liegt.

Dieses erste Modell bestand aus dem Laufe der damaligen Jägerbüchse, welcher hinten offen war und an den sich eine eiserne Hülse anschloß. In dieser Hülse bewegte sich eine Kammer, die durch ein Bodenstück in zwei ungleiche Theile getrennt war. Der vordere, dem Laufe zunächst befindliche, kleinere dieser Theile, in welchem sich das im Bodenstücke eingeschraubte Nadelrohr befand, diente zur Aufnahme des Pulverrückstandes und bildete eine Fortsetzung der Seele des Laufes, während der hintere Theil zur Aufnahme eines mittelst einer Sperrfeder festgehaltenen Cylinderschlößchens bestimmt war.

Das Vor- und Zurückschieben der beweglichen Kammer mit dem Schlößchen in der Hülse beim Laden wurde durch einen Knopf bewirkt, der sich auf der Mitte der Kammer befand und beim Einschieben derselben in die Hülse mit seinem vierkantigen Ansatz in einen in dieser befindlichen Einschnitt eintrat.

Durch diesen Knopf wurde gleichzeitig auf eine sinnreiche und einfache Art, welche gewissermaßen den Schlußstein der gesammten Erfindung bildet, der Schluß zwischen Lauf und Kammer nach dem Laden bewirkt, indem die Letztere, nachdem sie genügend an den Lauf geschoben war, durch den Knopf gedreht wurde. Bei dieser Drehung trat der Knopf mit der hinteren schrägen Fläche seines vierkantigen Ansatzes gegen eine andere schräge Fläche, welche durch einen stumpfen Winkel des Einschnitts in der Hülse gebildet war; die hierdurch bewirkte Reibung genügte, um die Kammer bei der Explosion der Ladung in ihrer Lage zu erhalten. Zur besseren Dichtung war die Kammer an ihrem vorderen Ende conisch abgeschrägt und wurde durch das Andrücken des Knopfes gegen die schräge Fläche der Hülse wasserspundartig in die hintere etwas conisch erweiterte Oeffnung des Laufes eingedrückt.

Im hinteren Theile des Laufes waren die Züge ausgefraist, so daß sich ein Lager für die Einheitspatrone bildete; um dieselbe in den Lauf schieben zu können war die Hülse an der Stelle, an der Kammer und Lauf zusammenstießen, halbrund ausgeschnitten.

Bei den ersten mit dieser Büchse angestellten Schießversuchen war das Ausströmen der Pulvergase durch die Oeffnung zwischen Lauf und Kammer, obgleich beide so genau als möglich an und in einander gearbeitet worden und die Kammer so fest als zulässig an den Lauf gedrückt war, für die Augen des Schützen geradezu unerträglich. Es wurde deshalb der wasserspundartige Schluß verlassen und dafür der mundstückartige adoptirt, bei dem die Kammer nicht mehr in die Oeffnung des Laufes eingedrückt wurde, sondern diesen mit ihrem conisch ausgearbeiteten vorderen Ende umfaßte. Hierdurch wurde das Ausströmen der Pulvergase wesentlich behindert und, wenn es dennoch eintrat, vom Schützen abgeleitet. Von dieser Büchse sandte Dreyse dem Major Priem sehr bald ein Exemplar und begab sich dieser sofort zum General v. Witzleben, um ihm dasselbe vorzulegen. Dieser zollte der wesentlichen Verbesserung seine höchste Aufmerksamkeit und befahl dem Major Priem, sogleich nach den Schießständen in der Hasenhaide zu eilen und das Gewehr mit 25 Schuß auf einem Bogen Papier anzuschießen und ihm denselben zur Ansicht zu bringen. Dies geschah und der Minister war über den Erfolg so erfreut, daß er äußerte: Hätten wir in der Schlacht bei Dresden nur ein Bataillon mit solchen Gewehren bewaffnet gehabt, so würde die Schlacht einen anderen Ausgang genommen haben. Später besuchte der Kriegsminister v. Witzleben Sömmerda, wohnte einem Schießversuche mit dieser neuen Jägerbüchse bei und befahl sofort die Anfertigung von 10 derartigen Büchsen. Diese wurde sehr bald bewirkt und obgleich die fertigen Büchsen mit dem Laufe der gewöhnlichen Jägerbüchse nach Berlin gesendet wurden, sind sie doch niemals zu Versuchen herangezogen worden.

Bei den im Frühjahre 1836 stattfindenden, bereits erwähnten, Versuchen kamen die ebenfalls schon genannten 6 glatten, von vorn zu ladenden Cylinderschloßgewehre mit den vom Hauptmann v. Staff verbesserten Perkussionsgewehren in Vergleich. Die Trefffähigkeit beider stellte sich annähernd gleich heraus und wenn die Cylinderschloßgewehre in Rücksicht der Leichtigkeit und Schnelligkeit der Handhabung auch wesentliche Vortheile vor den Perkussionsgewehren konstatirten, so boten sie doch auch den Nachtheil bar, daß durch Unachtsamkeit beim Laden Selbstentzündungen unvermeidlich waren, da diese jedesmal dann eintreten mußten, wenn der Schütze das Zurückziehen des Schlosses vor dem Laden vergaß.

Die hierauf gegründeten Bedenken gegen die Einführung der Cylinderschloßgewehre als Bewaffnung der Infanterie veranlaßten den Erfinder, die Konstruktion der von hinten zu ladenden Zündnadelbüchse auf das Infanteriegewehr zu übertragen und die beiden Waffensysteme der Infanterie durch die Herstellung eines von ihm anfänglich „Scharfschützengewehr" genannten, gezogenen, von hinten zu ladenden Infanteriegewehrs, des heutigen Zündnadelgewehrs, zu verschmelzen.

Die von Dreyse mit den von hinten zu ladenden Zündnadelbüchsen fortgesetzten Versuche hatten klar gezeigt, daß noch mancherlei Verbesserungen an denselben erforderlich seien. Diese Verbesserungen wurden an den ersten Modellen des Scharfschützengewehrs in Ausführung gebracht. Dazu gehörte, daß der 35 Zoll lange Lauf statt der acht Züge der Jägerbüchse nur 4 breite kantige Züge erhielt, um dem Spiegel die Ausbreitung im Rohre, das Umfassen des Geschosses und das gesicherte Eintreten in die Züge zu erleichtern. Zu gleichem Zwecke wurden die Spiegel oben 4 mal und am Patronenlager 8 mal regelmäßig geschlitzt und sollten die unteren, feineren Schlitzungen dem Spiegel die Fähigkeit verleihen, den Lauf und die Züge von allem Pulverrückstande zu reinigen.

Die Züge erhielten auf 28" Lauflänge eine volle Umdrehung, da sich dieses Maß als das günstigste für den geregelten Gang des Geschosses herausgestellt hatte. Der Einschnitt in der Hülse zur Führung der beweglichen Kammer wurde verlängert und von der oberen Mitte mehr nach der linken Seite verlegt, um die schräge Schlußfläche länger zu gestalten.

Zur Verhinderung des Herausfallens des Cylinderschlößchens wurde das Herausnehmen desselben aus dem hinteren Theile der Kammer, so lange diese nicht selbst aus dem Gewehr genommen war, unmöglich gemacht, denn dasselbe mußte zuvor eine halbe Drehung um seine Achse machen, woran es sowohl durch den Stollen der Abzugsfelder als auch durch den Ansatz der Sperrfeber verhindert wurde, so lange sich die Kammer im Laufe befand. Das Visir erhielt 2 Klappen für 300 und 400 Schritt und nach mehrfachen Versuchen wurde die Pulverladung auf 7/32 Loth neuen Gewehrpulvers normirt.

Mitte Oktober 1836 sandte Dreyse das erste Probegewehr dieser Art durch seinen Bruder an das Kriegsministerium. Man erzählt, daß, als bei dem ersten Schießversuch in Gegenwart mehrerer Militairs Rudolph Dreyse die Patrone in die geöffnete Kammer legte, viele Zuschauer besorgt wurden, der Lauf könne springen, und daher scheu zurückwichen. Nach 10 Schüssen, die sämmtlich vorzügliche Treffer waren, seien auch die Aengstlicheren näher getreten, Schuß auf Schuß folgte und jeder Schuß wurde als Treffer signalisirt. Der eine der Zuschauer habe dann dem Weiser den Vorwurf gemacht, daß er nicht aufmerksam genug sei, denn er habe deutlich beobachtet, daß die Kugel 150 bis 200 Schritt vom Schützen aufgeschlagen sei, dennoch hätte er sie als guten Treffer angegeben. Rudolph Dreyse klärte den Irrthum auf, indem er nachwies, daß der beobachtete Aufschlag nicht von dem Geschosse, sondern von dem Spiegel herrühre. Als er noch 12 Patronen hatte, wurde er gefragt, wie viel Schuß er in der Minute abgeben könne? — er that 5 Schuß und hatte 5 Treffer in der Minute. Als Dreyse die letzten 7 Schuß verfeuern wollte, ergriff einer der Zuschauer eine Hand voll Sand und warf sie auf die geöffnete Kammer, um dadurch den Beweis zu liefern, daß ein staubig gewordenes Gewehr seine Dienste versagen müsse. Doch auch die letzten 7 Schuß geschahen und lieferten 7 Treffer.

Nach diesem Vorversuche wurde das Gewehr der Kommission zur Prüfung der Perkussionsgewehre zur Anstellung von weiteren Versuchen übergeben. Die Resultate fielen sehr günstig aus und veranlaßten im Februar 1837 die Bestellung von 6 Scharfschützen- und 6 Cylinderschloßgewehren, um mit beiden Gewehrarten ausgedehntere Versuche im Vergleich gegen 6 verbesserte Perkussionsgewehre anzustellen.

Diese Parallelversuche ergaben, daß das Scharfschützengewehr nicht allein die beiden anderen Gewehrarten bei Weitem übertraf, sondern auch allen Wünschen und Erwartungen in jeder Richtung entsprach und für den Kriegsgebrauch die entschiedensten Vortheile darbieten würde. Seine Trefffähigkeit ließ Nichts zu wünschen und übertraf auf weiteren Entfernungen die der damaligen Perkussionsbüchse, dabei war sie von der Beschaffenheit des Laufes nur wenig abhängig, da selbst fehlerhafte und absichtlich im Durchmesser um 0,01 Zoll erweiterte Läufe dieselbe Trefffähigkeit behielten, so lange der Spiegel beim Schuß nur noch in die Züge eintrat. Die Handhabung, das Putzen und Revidiren des Gewehrs waren äußerst leicht und bequem.

Gleichzeitig hatten sich aber auch einige kleinere Konstruktionsmängel herausgestellt, wozu namentlich die folgenden gehörten:
der etwas beengte Raum für das Einbringen der Patronen in den Lauf,
der etwas schwere Gang des Abzuges,
die zu kleinen Dimensionen des Kopfes des Nadelbolzen,
der zu schmale Einschnitt im Schlößchen für das Eintreten des Abzugfeder-Stollens,
und endlich der Mangel einer Visirklappe auf die weiteren Entfernungen als 400 Schritt.

Dreyse erklärte sich bereit, bei einer Neufertigung diesen Mängeln abzuhelfen.

Aus den vielfachen Einzelnheiten der Vergleichsversuche möge nur ein interessantes Faktum, das mehrfach erzählt worden, herausgehoben werden. Um den schon damals sich geltend machenden Vorwurf, der durch das Zündnadelgewehr begünstigten Munitionsverschwendung zu widerlegen und zu beweisen, daß es nicht nöthig sei, wie man sich etwas überschwenglich ausgedrückt hatte, daß jeder Mann einen Munitionswagen oder wenigstens einen Munitionskarren zum eigenen Gebrauch hinter sich habe, ließ Major Priem 5 Mann mit Perkussionsgewehren, 5 Mann mit Cylinderschloßgewehren und 5 Mann mit Scharfschützengewehren, einen Jeden 25 Patronen nach Kolonnenscheiben auf 400 Schritt verfeuern. Die Mannschaften, die nicht wußten, um was es sich handele, mußten das Feuer zu gleicher Zeit eröffnen. Die mit Perkussionsgewehren bewaffneten Mannschaften, die gar nicht darauf rechnen konnten, auf 400 Schritt noch zu treffen, hatten ihr

Munitionsquantum zuerst aufgebraucht — die mit dem Scharfschützengewehr versehenen Leute, die Aussicht hatten, bei gutem Zielen auch gut zu treffen, waren die Letzten, die ihre 25 Schuß verfeuert hatten. Als die Treffer gezählt wurden zeigte sich, daß die Perkussionsgewehre 14 Treffer, die Cylinderschloßgewehre 28 Treffer und die Scharfschützengewehre 103 Treffer von je 125 Schuß ergeben hatten.

Obgleich in Folge des sehr günstigen Ausfalls der erwähnten Vergleichsversuche bald nach Beendigung derselben die Anfertigung von 150 Scharfschützengewehren angeordnet wurde, so ruhte die Angelegenheit doch einige Zeit.

Inzwischen hatte Major Priem im Jahre 1838 bei des damaligen Kronprinzen Königl. Hoheit, des hochseligen Königs Majestät, der sich ungemein für die neue Waffe interessirte, eine Audienz, in welcher der Verfechter des Zündnadelgewehrs mit lebhafter Begeisterung äußerte: „Königliche Hoheit, 60,000 mit diesem Gewehre bewaffnete Mann unter Führung eines talentvollen Generals und Se. Majestät der König werden bestimmen können, wo Preußens Grenze gehen soll."

Wahrlich die Ereignisse des letzten Sommers haben diesen kühnen Ausspruch in glänzendster Weise gerechtfertigt.

Im Herbste 1839 wurden die Versuche wieder aufgenommen und die 1. Kompagnie des Garde-Reserve-Bataillons in Spandau und ein Theil des 3. Jäger-Bataillons zu Lübben mit den 150 neuen Scharfschützengewehren zur Ausführung von ausgedehnteren Versuchen bewaffnet. Zur Assistenz bei den im November 1839 beginnenden und bis zum August 1840 dauernden Versuchen wurden für Spandau Major Priem und für Lübben der damalige Lieutenant v. Schöler bestimmt. Man gewann dadurch die Bestätigung der ersten Versuche und die Ansicht, daß die neuen Gewehre die bisherige Jägerbüchse in jeder Beziehung übertrafen. Gleichzeitig wurden noch einige kleine Konstruktionsmängel bemerkt und deren Beseitigung beantragt. Dahin gehörte namentlich, daß die Kammern durch die Erschütterung beim Schusse zuweilen von selbst aufsprangen, daß das Schlößchen nebst Kammer herausgenommen werden mußte, um eine zerbrochene Nadel zu ersetzen.

Diesen Uebelständen mußte der Erfinder sofort zu begegnen und dadurch nach vielen Mühen und nach Beseitigung vieler Hindernisse ein Gewehr herzustellen, das sich für kriegerische Zwecke vorzüglich eignet.

Die außerordentlich günstigen mit den Scharfschützengewehren gewonnenen Resultate bewogen des Königs Friedrich Wilhelms IV. Majestät bald nach Höchstseinem Regierungsantritt die Anfertigung von 60,000 Gewehren dieser Art und außerdem zu befehlen, daß dem Erfinder die erforderlichen Mittel zur Anlage einer größeren Gewehr- und Gewehr-Munitionsfabrik von Staatswegen vorzustrecken seien. Rüstig wurde ans Werk gegangen und schon am 15. Oktober 1841 konnte die Fabrik in Betrieb gesetzt werden.

Damit war ein bedeutender Schritt geschehen, aber die wirkliche Bewaffnung mit den bestellten Gewehren war noch in suspenso gelassen, da dieselben in den Artilleriedepots zu Berlin und Magdeburg bis auf weiteren Befehl aufbewahrt werden sollten.

Wie jede Neuerung, so fand auch das „leichte Perkussionsgewehr" wie das Scharfschützengewehr zur Umschleierung des Geheimnisses offiziell genannt wurde, seine enthusiastischen Verehrer, aber auch seine entschiedenen Gegner. Die Letzteren leugneten die großen Vortheile des Gewehres nicht, aber sie suchten die Schwächen desselben greller darzustellen, als sie in Wirklichkeit waren. Ein Haupteinwurf blieb immer die zu befürchtende Munitionsverschwendung, die sich bei den späteren kriegerischen Ereignissen freilich eben so wenig bewahrheitet hat, als bei den angeführten, vom Major Priem angestellten Versuchen. Ein weiterer Einwurf gründete sich auf die Subtilität des Gewehrs, die als so groß bezeichnet wurde, daß die Waffe für die Gesammtmasse der Infanterie durchaus nicht geeignet sei, während die Folgezeit gelehrt hat, daß bei konsequenter gründlicher Instruktion dieser Einwurf fast in Nichts aufgelöst wurde. Den Einwurf, daß wenn der Feind die eigene Munition erobere, man wegen des Ersatzes in sehr üble Lage kommen könne, hat einst Gneisenau mit den Worten zurückgewiesen, man müsse den Feind mit 200,000 Mann schlagen, dann werde man nachher wohl nur wenig Munition gebrauchen.

Aber abgesehen hiervon ist die Schwierigkeit des Munitions-
ersatzes keineswegs bedeutend. Die Anfertigung der Hülsen für
die Einheitspatronen ist der der Patronen für das glatte Gewehr
gegenüber freilich in sofern etwas schwieriger, als dieselben über
Formen gekleistert werden müssen, eine Arbeit, welche durch Soldaten nicht füglich mit der erforderlichen Schnelligkeit und Genauigkeit ausgeführt werden kann. Bei dem Vorhandensein der
dazu nöthigen einfachen Geräthe kann es indeß keine Schwierigkeit finden, allerwärts unter Aufsicht von Buchbindern Patronenhülsen in genügender Anzahl nöthigenfalls durch Kinder fabriziren
zu lassen. Dagegen ist die Fertigung der Zündspiegel bei Weitem
minder schwierig als die der Zündhütchen. Dieselben lassen sich
auf leicht transportablen Maschinen und aus einem Material herstellen, welches überall leicht zu erlangen ist, auch gehören hierzu
nur wenige der Sache kundige Aufseher und Arbeiter. Die Zündhütchen lassen sich dagegen nur in stehenden Fabriken mit Mate-
rialien, welche theilweise schwer zu beschaffen und zu bereiten sind
und mit einem eingeübten Arbeiterpersonal fabriziren.

Ein eigenthümlicher Vorwurf wurde dem Gewehr gerade aus
seiner Stärke, daß es in allen Lagen, selbst im Liegen, gehandhabt
werden könne, erhoben. Man meinte, dadurch würden die Offiziere zu sehr exponirt und man setze den Mann der Gefahr aus,
der Länge nach durchschossen zu werden.

Zu diesen Einwürfen und Vorwürfen gesellten sich außerdem
die in anderen Staaten auftauchenden und zur Einführung gelangenden Gewehrsysteme, die sich mehr den althergebrachten Formen
anschließend, dem leichten Perkussionsgewehr eine gefährliche Konkurrenz machten — es sei nur an das Thouvenin- und Minié-Ge-
wehr erinnert — so daß der Erfinder wiederholt von der bangen
Ahnung erfüllt wurde, man werde ihm die bereits gelieferten Gewehre als „altes Eisen" wiederum zur Disposition stellen. So
fanden im Jahre 1842 mit den vom Major Pallon in Vorschlag
gebrachten Thouveninschen Gewehren größere Versuche in Potsdam
Statt, zu denen der zur Verfügung des Kriegsministers gestellte
Major Priem herangezogen wurde. Hier gelang es dem Letzteren
nur unter großen Kämpfen und Schwierigkeiten, das Zündnadel-

gewehr seinen Gegnern gegenüber aufrecht zu erhalten, doch glückte es diesen, die Beschaffung einer größeren Zahl Thouveninscher Gewehre zu erwirken. Zu weiteren Versuchen wurde in Spandau eine Kompagnie mit Thouveninschen Gewehren, eine andere mit Zündnadelgewehren bewaffnet und Major Pallon mit Instruktion der Ersteren, Oberst Priem und der damalige Lieutenant v. Schachtmeyer mit Instruktion der Letzteren beauftragt; General v. Peucker aber von Sr. Majestät dem Könige bestimmt, ein Gutachten über beide Waffengattungen abzugeben. General v. Peucker entschied sich für das Zündnadelgewehr.

Damit war viel gewonnen; die großen Vortheile des leichten Perkussionsgewehres sollten sich immer mehr Bahn, auch bei ihren früheren Gegnern innerhalb Preußens, brechen. Eine Aufzählung dieser Vortheile von dieser Stelle aus würde von keiner Seite gutgeheißen werden, da sie in Aller Munde leben, nur eines, gewöhnlich gering geachteten, Vortheils möchte ich erwähnen, weil er durch ein Faktum der neuesten Zeit eine interessante Illustration erhalten hat. Der Vortheil besteht darin, daß es bei dem Zündnadelgewehr unmöglich ist, eine neue Patrone zu laden, bevor die vorher geladene verfeuert worden ist. — Es ist bei der Erregung und Aufregung eines Gefechtes sehr wohl denkbar, daß ein Soldat das Versagen seines Gewehres nicht merkt und Ladung auf Ladung setzt, bis der Lauf zum Sprengen voll geladen ist; aber es ist kaum denkbar, in welcher Ausdehnung dergleichen Versehen eintreten. Der offizielle Bericht des Chefs des Büreaus der Artillerie der Vereinigten Staaten Nordamerikas vom November 1864 führt an, daß nach der am 1. Juli 1863 bei Gettysburg in Pensylvanien stattgehabten Schlacht auf dem Schlachtfelde 27,574 Gewehre der Nord- und Südstaaten aufgelesen wurden, von denen mindestens 24,000 geladen waren. Von dieser Zahl war die Hälfte, also etwa 12,000 mit Doppelladungen und ein Viertel, also etwa 6000 mit 3—10 Ladungen versehen, während nur der Rest von 6000 Gewehren je eine Ladung enthielt. Mehrere Gewehre zeigten bei einer Pulverladung 5 bis 6 Geschosse; in mehreren Fällen befand sich das Pulver über der Kugel, in anderen waren die Patronenhülsen nicht zerrissen, sondern mit

dem enthaltenen Pulver eingeladen. In einem glatten Perkussionsgewehre fanden sich 22 Kugeln und eine Quantität Pulver bunt
durch einander gemischt. — Freilich war der Kampf bei Gettysburg ein harter; aber daß das Versehen der Doppel- und mehrfachen Ladung in solchem Umfange eintreten kann, erhöht den
Werth des Vortheiles, den das Zündnadelgewehr in dieser Richtung darbietet.

Die Ereignisse des Jahres 1848 ließen die Frage entstehen,
ob nunmehr die Zeit gekommen, zur Ausgabe der in den Zeug-
häusern lagernden leichten Perkussionsgewehre zu schreiten. Da
diese Frage Allerhöchsten Ortes bejahend und dahin entschieden
wurde, daß zunächst die Füsilier-Bataillone die neue Waffe erhalten sollten, so kam es darauf an, die in der Armee noch wenig
verbreitete Kenntniß über die Handhabung, Eigenthümlichkeit und
den Gebrauch des Gewehrs wenigstens für die zunächst betheilig-
ten Truppentheile zum Allgemeingut zu erheben. Es wurden
daher unter hauptsächlichster Mitwirkung des Oberst Priem Lehr-
kommandos aus Offizieren, Unteroffizieren und Büchsenmachern
gebildet und nach Sömmerda zu einer vierwöchentlichen gründ-
lichen Instruktion gesendet, um nach Rückkehr zu ihren Truppen
die empfangenen Lehren und Kenntnisse weiter zu verbreiten.

Hiermit war der letzte entscheidende Schritt zur Gewinnung
einer überlegenen Bewaffnung für die Infanterie der preußischen
Armee geschehen; das einmal begonnene Werk wurde rastlos fort-
geführt und, da auch die kriegerischen Begebenheiten des Jahres
1849 die Kriegsbrauchbarkeit der leichten Perkussionsgewehre im
Großen und Ganzen bethätigten, nach und nach mit der weiteren
Ausgabe der fertig gewordenen Gewehre vorgeschritten, bis endlich
die gesammte Infanterie mit denselben bewaffnet war, so daß im
Sommer dieses Jahres in der I., II., Elb- und Main-Armee
268,000 Zündnadelgewehre den Feinden Preußens in Böhmen
und am Main entgegentreten konnten, während freilich schon Ende
des Jahres 1865 sich eine mehr als doppelt so große Zahl von
Zündnadelgewehren im Besitze des Staates befand.

Zwar zeigten sich im Laufe des ausgedehnten Gebrauches
mancherlei Mängel und Uebelstände, aber sie ließen sich heben und

wurden gehoben, ohne daß das Grundprinzip, wie es sich bis zum Jahre 1841 entwickelt hatte, alterirt wurde. Von entschiedenstem günstigen Einflusse war die durch Allerhöchste Kabinets-Ordre vom 6. Dezember 1855 erfolgte Einführung der neuen Munition, bei welcher das frühere conische Spitzgeschoß durch das, der Brust des die Luft durchschneidenden Vogels und dem Rumpfe des die Wellen durchfurchenden Schiffes nachgebildete Langbleigeschoß ersetzt wurde. Wenige Monate vorher, unterm 22. März 1855, hatte eine Allerhöchste Kabinets-Ordre verfügt, daß in der amtlichen Sprache das leichte Perkussionsgewehr in Zukunft mit seinem charakteristischen Namen als Zündnadelgewehr und die leichte Perkussionsbüchse analog als Zündnadelbüchse bezeichnet werden sollten.

Ein näheres Eingehen auf die weiteren seit dem Zeitpunkte des Beginns der Bewaffnung der Armee mit Zündnadelgewehren an denselben eingetretenen konstruktiven Aenderungen, sowie auf die verschiedenen Formen, in denen sich bis zum gegenwärtigen Augenblicke das System ausgeprägt hat, erscheint für den vorliegenden Zweck um so weniger geboten, als diese Einzelnheiten sich im frischen Gedächtnisse Aller befinden. Es sei daher gestattet, einen Blick auf die kriegerische Vergangenheit des Zündnadelgewehres zu werfen.

Der erste Ernstgebrauch des leichten Perkussionsgewehres trat in dem vom 6. bis 9. Mai 1849 dauernden Straßenkampfe in Dresden ein, an dem das Füsilier-Bataillon des Kaiser Alexander Grenadier-Regiments und das Füsilier-Bataillon des 24. Infanterie-Regiments Theil zu nehmen berufen waren.

Das Füsilier-Bataillon des Kaiser Alexander Grenadier-Regiments leitete den über seine Betheiligung erstatteten Bericht mit der Erklärung ein, daß es mit einem großen Vertrauen auf seine Waffe in das Gefecht gegangen und mit einem noch größeren aus demselben zurückgekehrt sei. Die Kompagnien desselben waren durchschnittlich 30 Stunden im Feuer und haben während dieser Zeit verschossen:

die 9. Kompagnie 2,508 Patronen,
„ 10. „ 8,950 „
„ 11. „ 3,700 „
„ 12. „ 5,217 „

im Ganzen das Bataillon 20,375 Patronen.

Durchschnittlich hatte der Mann 30 Patronen verbraucht, nur wenige Leute hatten die gesammten 60 Patronen ihrer Taschenmunition verschossen und, wo dieses geschehen, war es nach der Ansicht des Bataillons motivirt.

Die konstruktiven Einrichtungen der Gewehre führten während des Gefechtes keine erheblichen Verlegenheiten herbei, doch war bei vielen Gewehren das Nadelrohr sehr stark mit Rückstand angefüllt und einzelne Gewehre, aus denen eine große Zahl Patronen bereits verschossen worden war, ließen sich schwer öffnen.

An Beschädigungen der Gewehre kamen folgende vor:
1) Ein Lauf sprang 8 Zoll von der Mündung.
2) Neunzehn Nadeln mußten ersetzt werden, und wurden sogleich an Ort und Stelle ersetzt.
3) Bei einem Gewehr sprang nach 120—130 Schuß der Sperrfederkrapfen.

Schließlich zeigte sich, daß bei den Verhältnissen, wie sie in Dresden obwalteten und welche sich stets wiederholen werden, wenn sich Schützen in Häusern und ähnlichen Räumen einnisten und aus kleinen Schießlöchern feuern müssen, die Bajonete sehr hinderlich waren und abgenommen werden mußten, da, so wie sich ein Bajonet am Fenster zeigte, man sicher sein konnte, daß ein Schuß darauf fiel. Da man auf beiden Seiten, um sich bei dem nahen und wohlgezielten Feuer möglichst wenig Preis zu geben, die Mündung des Laufs nur an die Kante der Deckung zu legen pflegte und sich dann vorsichtig so weit rechts bog, bis man auf das Ziel abkam, so waren die Füsiliere mit ihren langen Gewehren schon an und für sich im Nachtheile und würden dies noch viel mehr gewesen sein, wenn die Bajonete auf den Gewehren geblieben wären. Anfänglich steckten die Leute dieselben durch das Säbelkoppel, mußten sie aber bald ablegen, wenn sie nicht Gefahr laufen wollten, sich damit zu verletzen. Hierauf und darauf, daß mehrere Bajonete verloren gegangen waren, wurde die Nothwendigkeit von Bajonetscheiden begründet.

Die Kompagnien des Füsilier-Bataillons 24. Infanterie-Regiments standen in Dresden verschiedene Zeit lang im Gefecht und verschossen zusammen in der Zeit vom 8. Mai Mittags bis zum 9. Mai früh 9 Uhr, also in etwa 20 Stunden, 7530 Patronen. Obgleich das Bataillon erst im Juli 1848 die leichten Perkussionsgewehre in Berlin erhalten und die Schießübung pro 1848 noch nicht beendet hatte, so sprach es sich doch mit der größten Befriedigung über die neue Waffe aus und hob namentlich die große Treffähigkeit des Gewehrs auf den größeren Distancen gegen die stets nur kleinen Ziele lobend hervor. Das Gefecht war am Anfange des Kampfes wesentlich ein Positionsgefecht, später gingen aber die Kompagnien zum Angriff über, größtentheils in Häusern, wobei die Leute allgemein die Neigung zeigten, die Bajonete abzunehmen.

Der in Dresden stattgehabte Kampf der beiden mit Zündnadelgewehren bewaffneten preußischen Füsilier-Bataillone hat lange Zeit dem Auslande den Beweis für die Gefahr liefern müssen, welche aus der großen Ladefähigkeit des Gewehrs für die Konsumtion der Munition erwächst und nicht unwesentlich dahin gewirkt, daß man dasselbe mehr als eine künstliche Maschine, als eine wirkliche Kriegswaffe zu betrachten geneigt war.

Der Königl. bayersche Oberstlieutenant Schmölzl sagte in seiner Ergänzungswaffenlehre:

„Alle Erfahrungen haben gelehrt, daß die Möglichkeit eines schnelleren Feuers leicht zur nachtheiligsten Verschwendung der Munition schon in großen Entfernungen vom Gegner verleitet und daß dann im Bereiche der größten Wirksamkeit ein Munitionsmangel eintritt, worüber der im Jahre 1849 in Dresden stattgehabte Kampf das historische Zeugniß liefert, indem man nach angestellten Berechnungen auf die von den Preußen verfeuerten 27,905 Patronen aus Zündnadelgewehren im günstigsten Falle nicht mehr als 250 Getödtete und Verwundete annehmen darf."

Dieser Satz drückt den vorher erwähnten Gedanken bestimmt aus und hat vielfach die Runde gemacht. Betrachtet man ihn aber näher, so kommt man doch zu einem etwas abweichenden Resultat. Richtig ist die Anzahl der verfeuerten Patronen angegeben, als richtig kann man auch die Zahl der durch dieselben Getödteten und Verwundeten annehmen, da im Ganzen etwa 500 Aufständische geblieben und verwundet worden sind und der Wirkung des Feuers der sächsischen Infanterie und Artillerie wohl mindestens die Hälfte dieser Verluste zugeschrieben werden muß. Werden demnach auf 27,905 Patronen 250 wirksame Treffer gerechnet, so ist dies freilich bei einem an und für sich großen Munitionsverbrauch kein glänzendes Resultat. Berücksichtigt man aber, daß bei einem anhaltenden Häuser- und Straßenkampf Freund und Feind fortwährend Deckungen suchen und leicht finden, daß daher viele gut gezielte Schüsse ihres Zieles fehlen, weil dasselbe schleunige Deckung gefunden, so stellt sich die Sache schon günstiger. Geht man endlich auf die Angaben der Autoren über das Verhältniß der verschossenen Munition zu der Zahl der treffenden Kugeln über, so erkennt man daß die Zündnadelgewehre in Dresden sich ungleich besser bewährt, als die glatten Gewehre es je gethan. Guibert führt nämlich an, daß von 500,000 Patronen erfahrungsmäßig kaum 2000 in einer Schlacht treffen. Gassendi meint, daß 3000 Schuß, Piobert sogar, daß 10,000 Infanterieschuß erforderlich seien, um einen Menschen gefechtsunfähig zu machen, und Hennegau, der langjährige Chef des englischen Feldartillerie-Trains unter Wellington in Spanien und den Niederlanden erklärt, daß in den dortigen Schlachten etwa nur die 459. Flintenkugel ihren Mann getroffen. Aus diesen differirenden Angaben hat man als mittleres Resultat den Schluß gezogen, es sei ungefähr dem Gewichte nach so viel Blei nothwendig, um einen Menschen außer Gefecht zu setzen, als sein Körper schwer ist. In Dresden hat aber unter den besonderen Verhältnissen des Straßenkampfes etwa das 112. Geschoß der Zündnadelgewehre einen wirksamen Treffer ergeben und demnach circa 7 Pfund Blei genügt, um einen Menschen gefechtsunfähig zu machen.

Nach dem Dresdener Straßenkampfe hatte das **Füsilier-bataillon 24. Infanterie-Regiments** zunächst den Straßenkampf in Iserlohn zu bestehen, bei dem nur auf sehr nahe Distanzen geschossen wurde und das Gefecht sehr schnell und gleichsam im Sturme vorwärts ging.

Als darauf das Bataillon so glücklich war, bei dem Feldzuge gegen die Pfalz und Baden Verwendung zu finden, hatte es mehrfach Gelegenheit, seine Waffe gründlich zu prüfen und kennen zu lernen. Zunächst bei Kirchheim-Bolanden. Die Stadt wurde preußischerseits angegriffen, das Feuer wurde auf etwa 600 Schritt eröffnet, und hielten die Insurgenten nur, bis es sich auf 400 Schritt genähert, an der äußersten Lisiere Stand, setzten sich aber später noch im Park und in den Häusern fest. 1½ Kompagnien des Bataillons hatten hierbei in etwa 2 Stunden gegen 800 Patronen verfeuert.

Bei Wiesenthal ging eine Kompagnie gegen das Dorf und später in demselben vor, eine zweite gegen einen von den Insurgenten besetzten Wald und später gleichfalls in diesem vor. Auch hier bewährte sich die Trefffähigkeit auf den Entfernungen von 4—600 Schritt. Den Wald verließen die Insurgenten, als sie eine Zeit lang auf der Distanz von etwa 500 Schritt beschossen worden waren, obgleich sie dem Angreifer an Zahl bedeutend überlegen waren und auch Büchsenschützen besaßen, welche ein starkes Kaliber auf weiteren Entfernungen ziemlich sicher schossen.

Die gegen das Dorf operirende Kompagnie verschoß während 2½ Stunden 670 Patronen, die gegen den Wald vorgehende dagegen in 1½ Stunden 1870 Patronen.

Bei Neudorf war eine Kompagnie 1½ Stunden im Gefecht, beschoß das Dorf durch Tirailleurs zuerst auf weiterer Distanz und später auf nähere recht wirksam und führte zuletzt einen Bajonetangriff aus, nachdem sie im Ganzen etwa 1700 Patronen verfeuert.

Bei Durlach hatte eine Kompagnie Gelegenheit, von einer Position an der Bergstraße aus die aus Durlach sich abziehenden Insurgententrupps zu beschießen und erkannte auch hier die große

Trefffähigkeit ihres Gewehrs, da schon nach wenigen Schüssen der Rückzug der Insurgenten in wilde Flucht ausartete.

Bei Kuppenheim wurde es einer kleinen Abtheilung möglich, feindliche Artillerie auf der Entfernung von 6 — 700 Schritt zu beschießen und sie bald zum Zurückgehen zu zwingen, da, wie deutlich wahrgenommen werden konnte, mehrfach Pferde und Mannschaften der Batterie fielen.

Der größere Theil einer Kompagnie ging gegen das besetzte Kuppenheim vor und verschoß in dem Zeitraum von 4 Stunden 1165 Patronen.

Im Waldgefechte bei Wiesenthal wurde die Erfahrung gemacht, daß es einer großen Beaufsichtigung der Mannschaften bedarf, um einer Munitionsverschwendung vorzubeugen, denn die große Ladefähigkeit des Gewehrs, sowie die günstigen Resultate verleiteten manchen Füsilier, mehr zu schießen, als streng genommen nöthig war. Doch wurde andererseits auch die Beobachtung gewonnen, daß viele der Mannschaften in den späteren Gefechten mit ungleich mehr Ueberlegung feuerten, als in den früheren, weil sie den Werth und die Kostbarkeit ihrer Waffe und Munition immer mehr erkennen lernten.

Die nach den verschiedenen Gefechten vorgenommenen sorgfältigen Revisionen ergaben nur stets die Nothwendigkeit unbedeutender Reparaturen. Obgleich die Gewehre sowohl im Straßenkampfe in Dresden und theilweise auch in Iserlohn in den Häusern, als auch in dem dicht bewaldeten, sehr beschwerlichen Terrain bei Wiesenthal und dem bergigen bei Kuppenheim stark mitgenommen worden waren, so hat sich doch das Material gut bewährt, denn es kamen größtentheils nur kleine Reparaturen an Zündnadeln und Spiralfedern, die in wenig Augenblicken beseitigt werden konnten, vor und nur ein Schaft zerbrach beim Gebrauch.

Da die Insurgenten ihre Verwundeten und Gefallenen größtentheils mit sich fortführten, so konnte das Bataillon die durch sein Feuer erzielten Resultate nicht konstatiren — der jedesmalige schleunige Rückzug der Gegner war das sicherste Kennzeichen des erreichten Erfolges. Auch ist die Aussage der Übergegangenen und gefangenen badischen Soldaten wohl zu beachten, die einstimmig dahin lautete, daß sie sehr bald erkannt hätten, wenn ihnen Zündnadelgewehre gegenüber gestanden, denn das seien gefährliche Waffen, von denen sie selbst auf größeren Distanzen viel zu leiden gehabt.

Das **Füsilierbataillon 24. Infanterie-Regiments** resümirte in dem von ihm erstatteten Berichte sein Urtheil dahin, daß das leichte Perkussionsgewehr sich im Ernstgebrauch vortrefflich bewährt habe, daß die Mannschaften mit Lust und Liebe und großem Vertrauen an ihrer Waffe hängen und sie immer richtiger anzuwenden gelernt haben. Der Munitionsverbrauch müsse allerdings streng überwacht werden, finde jedoch nicht in dem Maße statt, daß man den Vorwurf, der Soldat verschieße sich sehr leicht, als richtig gelten lassen könne.

Das **Füsilierbataillon 20. Infanterie-Regiments** gehörte während des Feldzuges in Baden zur Reserve-Division unter Oberst Graf v. Schlieffen und würde vielleicht an keinem ernsteren Gefechte Theil genommen haben, wenn es nicht bei der Einschließung der Festung Rastadt in die erste Linie gezogen worden wäre. Hier nahm es Theil an dem Sicherheitsdienst und benutzte seine weittragende Waffe, um die Beobachter von den Wällen und die sich zuweilen über das Glacis hinauswagenden Patrouillen zu vertreiben. Auch hatte es am 8. Juli 1849 Gelegenheit, seine Waffenüberlegenheit in einem zweistündigen Gefecht aufs Glänzendste zur Geltung zu bringen. Es war dabei nicht zu verkennen, daß das rasche und heftige Feuer, welches die leichten Perkussionsgewehre ermöglichten, sehr viel zur günstigen Entscheidung des Gefechts beitrug; ja das Gewehr schien sich bei dem Gegner in so bedeutenden Respekt gesetzt zu haben, daß er, obgleich Rastadt erst am 23. Juli übergeben wurde, fernere Ausfälle auf dieser Seite der Festung unterließ.

Dem am 8. Juli von circa 1000 Mann mit 3 Geschützen aus dem Carlsruher Thore von Rastadt unternommenen Ausfall standen Anfangs nur Musketier-Kompagnien gegenüber und erst nach einer kleinen halben Stunde trafen die 9. und 12. Kompagnie des Füsilierbataillons 20. Infanterie-Regiments auf dem Gefechtsfelde ein. Der vorderste Zug der 9. Kompagnie richtete sein Feuer auf die auf dem Eisenbahndamm placirten 3 Geschütze und bewirkte dadurch, daß dieselben sehr bald nach dem Bahnhofe zurückeilten. Ein anderer Zug wurde zur Verstärkung der Feuerlinie zwischen dem Eisenbahndamm und dem Rauenthaler Walde verwendet. Dem dadurch hervorgerufenen vermehrten und wirksamen Gewehrfeuer vermochte der Feind nicht zu widerstehen; er wich, verließ die besetzten Büsche und zog sich langsam nach dem Bahnhofe, auf dem sich bereits seine Geschütze placirt hatten, zurück. Die gesammte 9. Kompagnie war in die Feuerlinie gerückt, und man folgte dem Feinde bis auf etwa 400 Schritt vom Bahnhofe, wo Unebenheiten einige Deckung gewährten. Die 9. Kompagnie verschoß sich hierbei vollständig, wurde nach und nach zurückgezogen und durch die 12. Kompagnie ersetzt, während die erstere sich durch aus dem Bivouak nachgeholte Munition wiederum komplettirte.

Nach längerem Feuergefecht zog sich der Feind vom Bahnhof in die Festung zurück, da auch ein von der Lünette Nr. 33 gegen das Dorf Niederbühl gerichteter Ausfall durch das 1. Bataillon 8. Landwehr-Regiments abgewiesen worden war.

Nach den Angaben des Rastadter Festungsboten hatte der Feind große Verluste gehabt, doch, wie es scheint, nicht so bedeutende, wie man sie im Verhältniß zu der aus den trefflichen Gewehren verschossenen Patronenzahl hätte erwarten sollen. In etwa 2 Stunden hatten circa 350 Mann 10,000 Patronen verfeuert, also der Mann fast 29 Patronen, und dadurch freilich eine Lebhaftigkeit des Feuers erzielt, wie sie beim Auftreten dergleichen geringer Kräfte nur selten eintreten wird.

Beschädigungen an den Zündnadeln kamen im Laufe des Gefechtes nur zwei vor und wurden durch Benutzung von Reservenadeln sofort beseitigt.

Auch der Feldzug in Schleswig bot im Jahre 1849 Gelegenheit dar, Erfahrungen über die Kriegsbrauchbarkeit des leichten Perkussionsgewehrs zu sammeln. So wurden z. B. in den Gefechten bei Alminde und Veile am 7. und 8. Mai jedesmal 2 Compagnien des Füsilierbataillons 12. Infanterie-Regiments zum größeren Theile verwendet und verfeuerten, obgleich das erstere von Morgens 9 Uhr bis Nachmittags 4 Uhr und letzteres von 11 Uhr Mittags bis Nachmittags 4 Uhr dauerte, in beiden, ungeachtet sie zum ersten Male ins Feuer kamen, circa 7000 Patronen, wobei gerühmt wird, daß die Mannschaften mit Ruhe und ohne Uebereilung gefeuert hätten. Dies ist um so mehr hervorzuheben, als die Mannschaften vor ihrem Ausmarsch aus Berlin nur erst einmal auf die näheren Entfernungen bis zu 400 Schritt nach der Scheibe geschossen hatten, demnach noch nicht genügend vorbereitet waren. Das Letztere erklärt aber andererseits auch die geringen Verluste des Feindes, denn nach den Nummern 117 und 124 der Kopenhagener Berlingske Tidende bestand der dänische Verlust bei Alminde und Veile im Ganzen nur aus 6 Todten und 52 Verwundeten, während das Füsilierbataillon 12. Infanterie-Regiments 7000 Patronen verbraucht hatte bei Gefechten, die sich zwar meist im bewaldeten Terrain, doch aber auch auf lichteren Strecken bewegten.

Bei der Annahme, daß $2/3$ des angegebenen Verlustes durch das leichte Perkussionsgewehr erzeugt worden, würde man nur 39 Treffer oder nur etwas über $1/2$ Procent Treffer gewonnen haben.

Dem sei, wie ihm wolle, im Großen und Ganzen hatten sich die leichten Perkussionsgewehre auch bei den übrigen kriegerischen Ereignissen des Jahres 1849 vortrefflich bewährt und sich immer mehr Freunde erworben, so daß ihrer weiteren Einführung in die Armee bis zur Bewaffnung der gesammten Infanterie mit denselben, die Minié-Episode abgerechnet, wesentliche Bedenken nicht mehr im Wege standen. Diese kam denn auch in der nur durch die Mobilmachungen der Jahre 1850 und 1854 unterbrochenen friedlichen Epoche zur Ausführung.

Man würde sich auf das Gebiet der Conjecturen wagen, wollte man es versuchen, den Einfluß zu schätzen, den das Zündnadelgewehr im Jahre 1859 geäußert haben würde, wenn der Friede von Villafranca nicht den bereits festgesetzten Marsch der mobilen preußischen Armee nach den westlichen Grenzen des Staates inhibirt hätte. Man betritt aber den Boden der Thatfachen, wenn man seinen Blick auf das Verhalten der Zündnadelgewehre im ruhmvollen Feldzuge des Jahres 1864 lenkt.

In demselben traten ihnen Gewehre gegenüber, deren Treffähigkeit der ihrigen fast gleich steht, aber die Ladeweise der Thouveninschen Gewehre ist die langsamste von allen und bildete für die Dänen, namentlich bei der geringen Ausbildung der Mannschaften, einen entschiedenen Nachtheil, der dadurch nicht ausgeglichen werden konnte, daß die neuen Bataillone mit Miniégewehren bewaffnet waren.

Auf der freien Ebene konnten in Schleswig die Zündnadelgewehre nicht thätig werden, denn der Gegner wählte zum Gefechtsfelde das bedeckte Terrain, in welchem er zuletzt beim Vorrücken nur eine geringe Distanz im Feuer zurückzulegen und wenige Salven auszuhalten hatte.

Zu Salven von Massen gegen Massen bot der Feldzug gleichfalls wenig Gelegenheit, denn es fand kein Gefecht größerer Truppenmassen in freiem Felde statt, die Kämpfe drehten sich zumeist um Oertlichkeiten, die Infanterie wurde größtentheils in Kompagniekolonnen verwendet und auch die Reserven traten selten in geschlossenen Bataillonen in den Kampf ein. Das Feuergefecht war meistentheils Tirailleurgefecht, dem Bajonetangriffe zur Seite traten. Die Zielobjekte waren gedeckte Schützen und nur ausnahmsweise geschlossene Abtheilungen, die aber gleich den Schützen nach kurzen Pausen hinter den Knicks vortreffliche Deckung fanden und nur beim Uebergange von einer Deckung zur andern auf kurze Zeit ein günstiges Ziel boten.

Trotz dieser der Wirksamkeit der Zündnadelgewehre nicht günstigen Verhältnisse haben diese ihre Ueberlegenheit überall und zu allen Zeiten bewährt und den Satz, welchen die Allerhöchsten Verordnungen über die Truppenübungen mit den nachfolgenden Worten aufstellen, glänzend bewahrheitet.

„Es folgt aus der Schußfertigkeit des Zündnadelgewehrs", so sagen die Allerhöchsten Verordnungen, „daß es mit 300 Mann einem Bataillon Minié von 900 Mann im Feuergefecht gewachsen und dabei geringeren Verlusten ausgesetzt ist, weil es eine kompactere Scheibe gegenüber hat."

Dieser Satz wurde zum Theil vom Auslande als ein von den Scheibenständen entnommenes theoretisches Axiom betrachtet, dem, trotz der Zuversicht, mit dem er ausgesprochen, die praktische Begründung außerhalb der Scheibenstände versagt bleiben würde. Es ist daher nicht uninteressant, daß die österreichische Militairzeitschrift in einem ihrer letzten Hefte des Jahrgangs 1864 nach einer Analyse der Gefechte von Missunde, von Sandberg, Wilhoi und Rackebüll am 22. Februar, bei Düppel und Rackebüll am 17. März, der Gefechte vom 28. März, der Kämpfe des 8. März beim Vorgehen gegen Fridericia und des Sturmes der Düppeler Schanzen zu dem Schlusse gelangt, daß das Zündnadelgewehr trotz ungünstiger Terrainverhältnisse in allen Gefechten des dänischen Feldzuges seine entschiedene Ueberlegenheit bewährt und den Ausspruch der Allerhöchsten Verordnungen auch im Ernstkampfe glänzend gerechtfertigt hat.

Auf Einzelnheiten hier näher einzugehen, verhindert die schon weit vorgeschrittene Zeit, auch erscheint dies um so weniger angemessen, als die Ereignisse sich noch in zu frischem Andenken jedes Einzelnen befinden.

Trotz der vorzüglichen Bewährung des Zündnadelgewehrs wollte man im Auslande an dieselbe nicht recht glauben oder gab sich vielleicht auch nur den Anschein, dies zu thun.

Jetzt freilich nach dem „Zündnadelkriege", dessen rapider Verlauf die Dauer früherer Kriege eben so sehr überflügelt hat, als die Ladegeschwindigkeit des Zündnadelgewehrs die anderer Gewehre übertrifft, lauten die Meinungen aller Orten anders und Frankreich geht mit der Einführung eines Zündnadelgewehrs, denn ein solches ist das neueste Modell des Chassepot-Gewehrs, den übrigen Staaten voran.

Das Zündnadelgewehr hat, auch dem eigensinnigsten Gegner gegenüber, den Beweis geliefert, daß es eine vorzügliche Kriegswaffe sei und daß der ihm auch in jüngster Zeit noch wiederholt gemachte Vorwurf, es begünstige eine Munitionsverschwendung, durch die Wirklichkeit seine Bestätigung nicht erhalten. Diesem Vorwurfe gegenüber klingt es fast mährchenhaft, daß in dem diesjährigen Feldzuge pro Fuß-Mann nur durchschnittlich 7 Patronen verbraucht worden sind.

Läßt man nämlich das 1. und 2. Reserve-Armeekorps, die Truppen der Landesvertheidigung in Schlesien und die Besatzungstruppen außer Acht und rechnet man

die I. Armee einschließlich der Elbarmee zu 109,000 M. Fußtr.
die II. Armee zu . . . . 119,000 = =
und die Mainarmee zu . . . . . . 40,000 = =

so zählten diese 3 Heere Preußens zusammen 268,000 M. Fußtr., welche einschließlich der verloren gegangenen und verdorbenen Munition im Ganzen nur 1,848,636 Patronen verbraucht haben.

Von diesem Quantum sind konsumirt durch:
die I. Armee incl. Elbarmee 650,363 Patronen
die II. Armee . . . . . 739,847 =
die Mainarmee . . . . 458,326 =

so daß demnach jeder Fußmann der I. Armee . . 6 Patronen
= = = II. Armee . . 6 =
= = = Mainarmee aber 11 =

durchschnittlich verbraucht hat.

Dieser durchschnittliche ungeahnt geringe Verbrauch kontrastirt grell gegen das Munitionsquantum, welches von den Truppen als Taschenmunition, in den Bataillons-Patronenwagen und bei den Munitionskolonnen wirklich mitgeführt worden ist und welches außerdem in den Depots als eine bereite erste Feldchargirung und eine im Material vorhandene zweite Feldchargirung lagerte, denn ehe dasselbe vollständig aufgebraucht worden, hätte jeder Mann mehr als das 70fache der Patronenzahl verfeuern können, welche er durchschnittlich verwendet hat.

Trotz des außerordentlich geringen Gesammtverbrauchs an Infanteriemunition war derselbe bei einzelnen Truppentheilen doch sehr beträchtlich. Bei Nachod und Skalitz verbrauchte das 1. Bataillon des Westphälischen Füsilier-Regiments Nr. 37 im Ganzen 22,979 Patronen und das 2. Bataillon desselben Regiments bei Nachod allein 21,810 Patronen, während das 1. Bataillon des 6. Ostpreußischen Füsilier-Regiments Nr. 43 bei Trautenau fast ebenso viel, nämlich 21,810 Patronen, konsumirte.

Nach den glänzenden Resultaten, welche das Zündnadelgewehr in der diesjährigen Campagne errungen, erscheint die Frage, ob und welcher Verbesserungen es noch fähig, fast vermessen — aber alles Irdische ist verbesserungsfähig, und so beschäftigt sich denn auch der Geh. Kommissionsrath v. Dreyse mit der Verbesserung seiner vortrefflichen Erfindung. Ein Korrespondent der Times, der vor Kurzem einen Besuch in Sömmerda schilderte, schloß seine Fragen an den Erfinder mit der folgenden: Ob er nicht die Befürchtung hege, daß man etwas Besseres an die Stelle seines Gewehrs setzen werde, worauf er zur Antwort erhielt, daß der Erfinder selbst rastlos nach der Verbesserung seines Gewehrs strebe, daß er aber die Büchsenmacher und Waffenschmiede Frankreichs fürchte.

Autoritäten der Waffentechnik und Waffenkunde haben schon wiederholt die Meinung ausgesprochen, daß eine Verminderung des Kalibers, vielleicht bis auf das schweizerische Maß von 10,5 Millimeter oder 40 Hundertheil Zoll, wegen des leichteren Langbleigeschosses nicht allein gestatten würde, die Menge der Taschenmunition ohne Gewichtsvermehrung zu vergrößern oder den Mann zu erleichtern, sondern auch ungleich flachere und rasantere Flugbahnen zur Folge haben würde. Diese Frage dürfte nunmehr der reiflichsten Erwägung werth sein, da alle Staaten, welche mit der Neukonstruktion eines Infanteriegewehres vorgehen, und das sind eben alle, durch die Annahme eines kleineren Kalibers eine nicht unbedeutende Ueberlegenheit ihres Gewehres über das preußische Zündnadelgewehr gewinnen werden.

Der Erfinder hat aber seine Aufmerksamkeit auf andere Einzelnheiten gerichtet und dem Vernehmen nach ein Gewehr hergestellt, welches etwa 3 Pfund leichter und 2—3 Thlr. billiger sein soll, als das bisherige. Die Ladefähigkeit desselben soll dergestalt gesteigert sein, daß es 8 Mal in der Minute abgefeuert werden kann. Statt Schaft und Kolben hat dies neue Gewehr eine Verlängerung in gewundener Form, die in einem Schulterstücke endigt, mittelst welchem es an die Schulter sich anlehnt. Dadurch soll die rechte Hand des Schützen vollständig frei werden und mit Leichtigkeit von der Patrontasche zur Kammer, von dieser zur

Abzugsstange und von dieser wiederum zur Kammer wandern können, weil das Gewehr während des Ladens nicht von der Schulter gebracht zu werden braucht. Auch soll bei diesem Gewehr durch eine mechanische Einrichtung das gleichzeitige Vor- und Rückschnellen der Nadel bewirkt sein, um diese dem Explosionsprozeß zu entziehen und sie dadurch vor dem frühzeitigen Verbrennen zu schützen. Ueberdies soll bei dem Fortfallen des Schaftes das ganze Gewehr bis auf das Bajonet und das Schloß der angenehmeren Handhabung wegen mit Leder überzogen sein.

Die Zeit wird lehren, ob diese Verbesserungen wirkliche Verbesserungen sind.

Es sei mir nun gestattet, einen Blick auf diejenigen Bestrebungen des Auslandes zu werfen, welche dahin gehen, eine Waffe zu erlangen, die dem preußischen Zündnadelgewehre mindestens eine gefährliche Konkurrenz bereitet und ihm wo möglich überlegen ist.

Von den deutschen Staaten, die sich in der Machtsphäre Preußens befinden, haben die meisten und zwar in alphabetischer Folge: Altenburg, Anhalt, Bremen, Coburg, Hamburg, Lippe-Detmold, Lübeck, Mecklenburg-Schwerin und Strelitz, Meiningen, Oldenburg, Reuß, Rudolstadt, Sondershausen, Waldeck und Weimar Zündnadelgewehre von Preußen überlassen erhalten. Einige der anderen deutschen Staaten haben selbstständige Versuche angestellt und selbstständig Zündnadelgewehre fabrizirt.

Die hannoversche Regierung ließ schon vor dem Jahre 1852 in Herzberg Zündnadelgewehre herstellen, über welche Hauptmann Gündell in seinem Werke über „die Feuerwaffen der Königlich hannoverschen Infanterie" nähere Mittheilungen gemacht hat, doch gelangten sie nicht zur Einführung.

Im Herzogthum Braunschweig wurden seit dem Jahre 1856 Versuche mit Zündnadelwaffen angestellt, bei deren Konstruktion, da ein preußisches oder anderes Zündnadelgewehr als Modell nicht zur Disposition stand, die Beschreibungen und Zeichnungen benutzt wurden, die der sächsische Hauptmann Schön in seinem Werke über „das gezogene Infanteriegewehr" mitgetheilt. Nachdem die Versuche günstige Resultate ergeben, wurden im

Jahre 1860 ein Zündnadelgewehr, eine Zündnadel-Kolbenpistole und ein Zündnadelkarabiner im herzoglichen Zeughause angefertigt, um als Modelle für künftige Lieferungen zu dienen, welche der Fabrikunternehmer Crause in Herzberg bereits im folgenden Jahre übernahm und in der Zeit von 1861 bis 1864 beendigte. Die von Crause für Braunschweig angefertigten Zündnadelwaffen, sowohl die Gewehre für Infanterie, als die Kolbenpistolen für Kavallerie und die Karabiner für die Kanoniere werden als vollständig gelungen bezeichnet. Sie weichen in der Konstruktion mehrfach von den preußischen Zündnadelwaffen ab und soll bei ihnen durch eine einfache Vorrichtung das Entweichen von Pulvergasen so vollständig erreicht sein, daß ein über den Verschluß gehaltenes Blatt Papier auch nicht die geringste Schwärzung erfährt. Das Kaliber der sämmtlichen braunschweigschen Zündnadelwaffen ist jedoch dem preußischen gleich, so daß ein gegenseitiger Austausch der Munition stattfinden kann. Die Langbleipatronen werden im Herzoglichen Zeughause zu Braunschweig angefertigt, in dessen Werkstätten seit 1861 eine Fabrik zum Pressen der Spiegel und aller hierher gehörigen Arbeiten etablirt ist.

Auch der früheren kurhessischen Regierung gelang es, ein kriegstaugliches Zündnadelgewehr durch eigene militairische Techniker nebst einer völlig zweckentsprechenden Munition herzustellen und wurden im Jahre 1864 von den Ständen 154,000 Thlr. zur Beschaffung von Zündnadelgewehren gefordert und bewilligt. Um dem Ideale der Feuerwaffe, das mit den Vorzügen des preußischen Gewehrs auch noch die Vorzüge des kleinsten Kalibers, also rasanteste Flugbahnen und leichteste Geschosse, verbindet, nahe zu kommen, befolgte man bei der Konstruktion folgende Prinzipien:

1) Man behielt für den Lauf das preußische Kaliber von 15½ Millimeter oder 60 Hundertheil Zoll bei, um den gegenseitigen Austausch der Munition zu ermöglichen.

2) Das Kaliber des Langbleies wurde, um flachere Bahnen und leichtere Munition zu erhalten, so weit verringert, daß das Geschoß nur 16,6 Grammes oder etwa 1 Loth preußisch wiegt,

während das preußische Langbleigeschoß 31 Grammes oder 1⅞ Loth wiegt.

3) Die äußere Konstruktion des Gewehrs wurde dem preußischen Muster nachgebildet, bietet jedoch einige eigenthümliche Abweichungen dar.

4) Das Gewehr wird in zwei Modellen von etwas verschiedener Länge als Linien- und Füsiliergewehr dargestellt.

Nach diesen Ideen sind die kurhessischen Zündnadelgewehre zu Herzberg am Harz fabrizirt worden, wobei Gußstahl zum Rohrmaterial verwendet wurde. Der Lauf und das Bajonet sind brunirt, das Liniengewehr wiegt 9,2 Pfund, das Füsiliergewehr ist mit Haubajonet versehen.

Die Anfertigung der Zündspiegel mit Pillen wurde in eigenen Anstalten bewirkt.

Die Anfangsgeschwindigkeit und rasante Bahn des Geschosses ist günstiger als beim preußischen Langblei, was sich dadurch erklärt, daß die Pulverladung von 4,5 Gramme für das leichte Geschoß den starken Betrag von 27 Prozent des Bleigewichtes darstellt, während bei dem preußischen Gewehr die Ladung von 29 Zent nur etwas über 15 Prozent des Bleigewichtes beträgt. Die Führung des kleineren Geschosses durch den Spiegel ist auch bei der bedeutenden Differenz zwischen Geschoß- und Rohrkaliber vollständig gewährleistet.

Wohl in keinem anderen Lande haben die Thaten der großen preußischen Siegeswoche einen so tiefen und mächtigen Eindruck hervorgerufen, als in Frankreich, das sich urplötzlich in den Besitz der alten Dogenstadt und des als uneinnehmbar gerühmten Festungsvierecks gesetzt sah, ohne auch nur einen Schuß gethan zu haben. In allen Schichten der Bevölkerung wurden Gefühle wach, die dem Neide näher verwandt waren, als der Anerkennung, denn die Gloire bildet nun einmal ein Prärogativ Frankreichs, an dem die anderen Staaten nur in bescheidenem Maße partizipiren dürfen, keineswegs aber in einem Grade, daß dadurch selbst der bonapartesche Siegeslauf des Jahres 1796 in finsteren Schatten gestellt wird. Der alte troupier und der junge conscrit, der Mann der haute finance wie der ärmliche épicier — Alle waren

einig, daß das Wunder nur einzig und allein dem fusil à aiguille
zuzuschreiben sei. Das erzählten die großen politischen Journale
wie die kleinen Winkelblätter; das Zündnadelgewehr wurde be-
schrieben und abgebildet und selbst auf das Theater gebracht. Im
August führte eins der Pariser Vorstadttheater seinen Zuschauern
ein eigenthümliches Divertissement vor. Ein kräftig gebauter,
preußisch uniformirter Infanterist trat, mit einem Zündnadelgewehr
versehen, auf die Scene, führte mit demselben die verschiedenen
Griffe einschließlich der des Bajonettirens aus und schloß seine
Vorstellung, indem er den Beweis der großen Ladefähigkeit des
Gewehrs durch ein Schnellfeuer lieferte. Und die Menge strömte
herbei, um das Wunder zu beschauen.

Aber den Einsichtigeren wurde auch an der Seine bald klar,
daß, wenn dem Zündnadelgewehr auch sein Antheil an dem Siege
gebühre, neben ihm doch auch andere Elemente und Potenzen
mächtig zu den großartigen Erfolgen beigetragen, so daß der
Kaiser den Gedanken der Reorganisation der Armee mit der Idee
der Einführung eines dem preußischen ähnlichen Gewehrs verband.
Verschiedene Gründe hatten bisher mitgewirkt, daß dem Zündnadelgewehr in Frankreich nicht diejenige Aufmerksamkeit geschenkt
worden war, die ihm, wie sich schließlich herausgestellt, wirklich
gebührt. In Frankreich herrscht bei der Armee ebenso wenig der
rechte Sinn für das Schießen mit den Handfeuerwaffen, wie für
die Pflege und Wartung der Pferde und das Reiten. La bayon-
nette sera toujours l'arme terrible de l'infanterie française,
dieser Satz perhorrescirt in seiner logischen Konsequenz die Nothwendigkeit einer guten Schießwaffe für die Infanterie und hat
wesentlich mitgewirkt, daß man dem Schießen der Infanterie nur
wenig Werth beigelegt. Der Theil der Instruktion der Mannschaften, der sich mit diesem Dienstzweige beschäftigte, ist daher
lange Zeit stiefmütterlich behandelt worden, und es wird voraussichtlich noch eines längeren Zeitraumes bedürfen, ehe ihm allerseits
diejenige Sorgfalt zugewendet werden wird, deren er sich in der
preußischen Infanterie erfreut. Man erzählt, man höre oft die
Aeußerung, Wilhelm Tell habe den bekannten sicheren Schuß gethan, ohne auch nur die bescheidensten Kenntnisse von der Balistik

oder von irgend einer Theorie des Schießens zu besitzen; dem Soldaten nütze daher dergleichen um so weniger etwas, als die Geschosse, das Pulver und das Gewehr oft eigensinnig seien und der besten Lehren spotteten.

Ein Sergeant der Voltigeurs de la Garde, der in Afrika gestanden, die Feldzüge in der Krim und Italien mitgemacht und nach 14jähriger Dienstzeit sich einen Posten suchte, sagte vor Kurzem zu einem preußischen Offizier:

Man wird es nie dahin bringen, daß der französische Soldat mit dem Zündnadelgewehr das leistet, was der Preuße damit leistet. Was der Franzose in raschem Anlauf erreichen kann, macht er besser als jeder Andere, was aber langsam erlernt, mit Sorgfalt behandelt sein will, dazu verliert er bald die Lust und wird verdrossen. Er schießt, gelingt ihm das nicht bald, so erklärt er kurz, er könne es nicht. Auf den Einwand des preußischen Offiziers, daß seine Landsleute aus der Umgegend Thionvilles doch füglich nicht anders sein könnten, als unsere Dreißiger, erwiederte er, daß sie schon als junge Bursche anders lebten und durch das Zusammensein mit den Anderen anders würden. Den Auvergnaten und Vendeern sei alles gleichgültig und sie würden sich nie dazu verstehen, ihre Gewehre sorgfältiger auf die Erde zu legen, als sich selbst; sie ließen sich kommandiren, aber nicht lange instruiren und belehren.

Hiermit harmonirt vollständig die Erscheinung, daß die Offiziere der Infanterie und selbst die der chasseurs à pied im Allgemeinen wenig Interesse für neue Schußwaffen und für die damit anzustellenden Versuche an den Tag legen und daß selbst höhere Offiziere nur selten Neigung zeigen, sich durch gründliches Studium ein Urtheil hierüber zu bilden, woher denn auch die Spezialkommissionen gewöhnlich nur einen äußerst geringen Werth auf die Ansichten der Truppenbefehlshaber legen.

Dem Umstande, daß die meisten Generale und höheren Offiziere der Gewehrfrage ziemlich fern stehen und überhaupt wenig Interesse an der Vervollkommnung der Feuerwaffen nehmen, ist es denn auch zuzuschreiben, daß die gezogenen Feuerwaffen für die Gesammtmasse der Infanterie in Frankreich so spät zur Einführung gelangt sind und daß Hinterladungsgewehre sich lange Zeit keines Beifalles bei den französischen Militair-Autoritäten erfreuten. Seitdem Kaiser Napoleon I. sich für ein Hinterladungsgewehr interessirte und Pauly ein solches vorgelegt, hat Frankreich eine große Reihe von Erfindungen im Gebiete der Hinterladungsgewehre aufzuweisen, von denen selbst die besseren Systeme wie die von Hunout (1825), Robert (1831), Baron Heurteloup (1834) und Lefaucheux (1836) zwar für Jagdgewehre aber nicht für Militairgewehre Anwendung fanden. Dagegen nahm man im Jahre 1831 ein Wallbüchsenmodell an, das auf Hinterladung basirt war und bei der Einnahme von Algier wesentliche Dienste geleistet hatte, dessen Erfolge bei der Belagerung von Antwerpen denen in Afrika aber bedeutend nachstanden.

Nach vielfachen übereinstimmenden Nachrichten ist gegen Ende des Jahres 1853 in Paris ein Zündnadelgewehr nach einem von einem Kaufmanne aus Stettin eingesandten Modelle, das gegen das reglementsmäßige preußische nur geringfügige Veränderungen gezeigt haben soll, zur offiziellen Prüfung gelangt, hat aber nicht befriedigt, wobei vielleicht der Grund mitgewirkt haben mag, daß es eben aus Preußen kam und keine originale französische Schöpfung war.

Dagegen wurde die zum Dienst in den kaiserlichen Schlössern bestimmte Kompagnie der Cent-gardes im Jahre 1854 mit einem Karabiner nach der Erfindung des Chef d'escadron Treuille de Beaulieu bewaffnet. Dieses Gewehr hat eine Länge von 1½ Meter, ein Kaliber von 9 Millimeter (34½ hunderttheil Zoll) und wird mittelst eines einfachen Mechanismus von hinten geladen. Das 1 Meter lange gerade Seitengewehr der Centgardes kann an dem oberen Ende des Karabiners befestigt werden und giebt der Waffe das Aussehen einer Art Hellebarde. Der Major Treuille de Beaulieu wollte bis auf 1200 Meter gute Resultate mit dieser Waffe erreicht und auf 80 Meter mit 2 Grammes Ladung jeden Cuiraß durchschossen haben. Preußische Offiziere, die die Waffenfabrik von Chatellerault, in der die erwähnten Karabiner gefertigt wurden, besucht haben, sind in der Lage gewesen, sich zu überzeugen, daß dieselben den gehegten Erwartungen in keiner Weise entsprachen. Die angestellten Versuche ergaben, daß auf 80 Meter mit 2 Grammen Ladung die kleine Kugel auch nicht den geringsten Eindruck auf das Metall eines Cuirasses machte und die an der Anstalt thätigen Offiziere verhehlten ihr Bedauern nicht, daß man Zeit und Kosten auf Fertigung einer derartigen Waffe verwende, die durchaus keinen Werth habe.

Dies als ein Beweis, welchen Irrthümern man ausgesetzt sein kann; denn es kontrastirt gewaltig, im Jahre 1853 das preußische Zündnadelgewehr zu verwerfen und im Jahre 1854 das Gewehr der Centgardes zu adoptiren, wenn auch immerhin nur für sehr beschränkte Zwecke.

Trotz aller dieser Thatsachen und Erscheinungen scheint in den letzten Jahren sich eine entschiedene Reaktion in Bezug auf den Schießunterricht und das Waffenwesen überhaupt in Frankreich geltend gemacht zu haben. Man scheint zu fühlen, daß man mit der Verherrlichung des Bajonets doch nicht zu weit gehen dürfe, weil man sonst schließlich dahin gelangen könnte „die einstige Königin der Waffen", die Pike, von dem Roste der Jahrhunderte zu reinigen und sie mit der Kolonne des Herrn v. Putzsegur wieder aufleben zu lassen; man scheint einzusehen, daß das nach dem Suwaroffschen Ausdruck heldenmüthige Bajonet doch die närrische Kugel sehr zu fürchten habe, weil die Kugel in ihrer jetzigen metamorphosirten Gestalt eine gar gefährliche Närrin geworden, welche, ehe das Bajonet zur Aktion gelangt, dem Gegner über die Größe und den Umfang eines Verlustmaximums sehr herbe Lehren zu ertheilen vermag.

Man hat die école normale de tir von Vincenne reorganisirt und im Jahre 1864 nach dem Lager von Chalons verlegt, wo sie sich in Bezug auf Kasernement und Uebungsräume unter günstigeren Verhältnissen befindet. Während in der Periode von 1849—1864 nur Offiziere zu derselben kommandirt wurden, werden jetzt alljährlich per Infanterie-Regiment und per Chasseur-Bataillon ein Unteroffizier und per je 2 Regimenter 1 Offizier dazu entsendet, von denen die Ersteren eine mehr praktische Instruktion, die Letzteren neben dieser aber auch einen theoretischen Unterricht erhalten. Damit die hier empfangenen Lehren auch wirklich in die Regimenter gepflanzt werden und der Schießunterricht mit dem ihm gebührenden Eifer gepflegt werde, ist in der Person des General Lartigue ein General-Inspekteur des Schießens ernannt worden, der alljährlich einen Theil der Infanterie-Regimenter in Bezug auf Alles mit den Schießübungen zusammenhängende zu inspiziren hat. Unter persönlicher Leitung dieses Generals wird eine große Zahl von Unteroffizieren der das Lager von Chalons beziehenden Truppen im Schießen methodisch unterrichtet, außerdem hat General Lartigue während des Lagers von 1864 auf besondere Veranlassung des Marschall Mac Mahon vor den brigadeweise versammelten höheren Offizieren und Hauptleuten Vorträge über seine Lehrmethode gehalten.

Es wird aber außerdem auf alle nur mögliche Weise dahin gestrebt, den Sinn für gutes Schießen zu wecken und zu fördern. Man ertheilt den besten Schützen Preise, bestehend in Waffen und Medaillen und veröffentlicht sowohl ihre Namen als auch die Namen derjenigen, welchen Belobigungen zuertheilt sind, im journal militaire officiel.

Auch zu den Nationalwettschießen bei Vincennes hat man Mannschaften der Infanterie herangezogen. An dem ersten tir national, das am 22. Mai 1864 begann, mußten sich die Garde und die in Paris und Umgegend stationirten Linientruppen betheiligen. Jedes der betreffenden Regimenter hatte den Auftrag, 100 der besten Schützen nach Vincennes zu detachiren, welche zunächst in der damals noch dort befindlichen école normale de tir ihre Geschicklichkeit sich streitig machen mußten. Hiernach wurden von den 100 die besten 5 Schützen ausgewählt, um an dem Preisschießen des tir national Theil zu nehmen. In Folge davon wurden am 12. Juni 1864 an 33 Mann der Kaisergarde und 60 Mann der Linie in Gegenwart des Kriegsministers Marschall Randon und der Generale Guiod, Kommandeur der Artillerie der 1. Militair-Division und Susanne, Chef der Artillerie-Abtheilung des Kriegsministerium, die erzielten Preise vertheilt und später die Namen der Sieger durch das journal militaire officiel veröffentlicht.

Sicherlich werden alle diese Bestrebungen von günstigen Erfolgen begleitet sein und in längerer oder kürzerer Zeit dahin führen, daß auch in Frankreich der Soldat mit seiner Waffe das leistet, was sie überhaupt zu leisten vermag. Dieses Ziel stellte der Moniteur de l'Armée in einem Artikel vom 21. Oktober 1864 als zu erstrebendes hin, indem er gleichzeitig beruhigend auf die durch die Erfolge der preußischen Zündnadelgewehre in Schleswig irritirten Militairs zu wirken versuchte. In dieser Rücksicht sagte er:

Der letzte Krieg in Schleswig-Holstein hat die Aufmerksamkeit auf den Werth des Infanteriefeuers hingelenkt.

Schnell schießen ist eine gute Sache — gut schießen ist noch besser — schnell und gut zu gleicher Zeit schießen wäre die Vollkommenheit. Die Preußen prätendiren, daß sie dazu mittelst ihres Zündnadelgewehrs gelangt sind, welches, nachdem es 15 Jahre lang in einem Halbdunkel gelebt, sich in der letzten Campagne Geltung verschafft hat. Bisher schien es, als wenn man dieser Waffe überall mißtraute, denn fast alle Mächte haben ihre Bewaffnung geändert, ohne auf sie zu rücksichtigen. Heute ist eine vollständige Wandlung in den Meinungen eingetreten, die Indifferenz hat einem Staunen Platz gemacht und es scheint, als wenn ohne Zündnadelgewehr kein Heil mehr für die Armeen zu finden sei. Aber dieses „Monstrum", welches uns schrecken will, datirt nicht erst von gestern; man hat seine Vorzüge und Mängel längst erkannt und Frankreich, England, Belgien, Oesterreich haben es nicht adoptirt. Sollte sich die ganze Welt außer Preußen in einer Täuschung befunden haben? Es wäre dies nicht unmöglich, denn die Wahrheit knüpft sich nicht immer an die Majorität, aber bis entscheidendere Beweise vorliegen, ist jedenfalls der Zweifel erlaubt.

Der Krieg in Schleswig hat keine Gelegenheit zu größeren Schlachten gegeben, er bestand aus einer Reihe von kleineren Gescheten und scheint es, als wenn bei einigen dieser Gefechte die Lebhaftigkeit ihres Feuers den Preußen auf kurzen Distancen einen gewissen Vortheil verschafft habe. In Folge davon hat man in Deutschland erklärt, daß der Erfolg des Krieges zum großen Theile dem Zündnadelgewehr zuzuschreiben sei. Wenn Zündnadelgewehr und Sieg auf Seite der Dänen gewesen wären, so wäre der Beweis unanfechtbar, aber, wenn man die Stärke und Zusammensetzung der gegenüberstehenden Armeen betrachtet, so kommt man zu der Ansicht, daß das Resultat des Krieges kein anderes hätte sein können, auch wenn das Zündnadelgewehr nicht existirt hätte. Indem man die Wirkungen des Gewehrs übertrieb, hat jede der beiden Parteien ein Mittel gefunden, ihrer Eigenliebe zu fröhnen, die eine, ihr zu schmeicheln, die andere, sie zu retten.

Die preußischen Offiziere haben Recht, ihre Waffe zu rühmen, weil sie dadurch den doppelten Zweck erreichen, einmal ihren Mannschaften Vertrauen einzuflößen, andererseits das entgegengesetzte Gefühl bei ihren Gegnern zu erzeugen. Das ist eine vortreffliche Taktik; aber lassen wir das bei Seite, was der Patriotismus in Scene gesetzt und wodurch man außerordentliche Resultate zu konstatiren in der Lage gewesen und betrachten wir die Waffe selbst.

Das Zündnadelgewehr, so sagt der Moniteur de l'Armée, ist eine solide Waffe, aber schwer (lourde). Seine Flugbahnen sind wenig rasant, seine Treffwahrscheinlichkeit ist von der der französischen Gewehre auf den kleineren Entfernungen wenig verschieden, wird aber von der dieser auf den größeren Distancen übertroffen. Seine Haupteigenthümlichkeit, die allen Hinterladungsgewehren mit einer die Zündung in sich tragenden Pâtrone eigen, ist die Schnelligkeit des Feuers, die im Mittel 4 Schuß per Minute bei einem nicht zu lange andauernden Schießen zu erreichen scheint. Es ist daher eine Waffe, die sich mehr zur Vertheidigung als zum Angriffe eignet.

Wie kann man aber den Vortheil ausgleichen, der dem Feinde aus der Schnelligkeit seines Feuers erwächst? Das einzige Mittel ist besser zu schießen als er, denn wenn der nutzbare Effekt einer Waffe sich aus der Schnelligkeit und Genauigkeit des Schießens zusammensetzt, so kann man unter gewissen Umständen dem schnellen Feuer siegreich begegnen.

Die aus den Ereignissen des dänischen Krieges zu ziehende Lehre scheint demnach zu sein, daß die Offiziere alle Anstrengung aufwenden müssen, um die Schießinstruktion zu entwickeln, damit jeder Soldat mit seiner Waffe das leistet, was sie überhaupt zu leisten vermag. Diese banale Wahrheit Deutschlands muß sich in Frankreich einbürgern, wo man sich bisher eben nicht viel um die Genauigkeit des Schießens bekümmert hat und sie wird es, weil die Truppenbefehlshaber wissen, welchen hohen Werth der Marschall Kriegsminister auf diesen Theil der Instruktion legt.

Daß dieser in extenso mitgetheilte Artikel des Moniteur de l'Armée beruhigend wirken sollte, scheint unzweifelhaft, da man die schon einige Zeit dauernden Bestrebungen zur Herstellung eines guten Hinterladungsgewehrs nach den Erfahrungen des Feldzuges in Schleswig aufs kräftigste fortsetzte. So war schon im August 1864 der Direktor der Kaiserlichen Gewehrfabriken, Fabvier, mit der Zusammensetzung einer Kommission betraut worden, welche sich mit der Frage über die Umänderung der Bewaffnung der Infanterie beschäftigen sollte, da die von dem Militairbevollmächtigten Clermont Tonnerre in Bezug auf das Zündnadelgewehr eingereichten Berichte eben so glänzend lauteten, wie alle aus anderen Quellen stammenden Nachrichten. Die genannte Kommission soll denn auch einstimmig ihr Urtheil dahin abgegeben haben, daß das preußische Zündnadelgewehr dem französischen Gewehre überlegen sei und daß dessen Einführung bei der französischen Infanterie sich daher empfehle.

Schon vorher und zwar im Jahre 1863 hatte der Waffeninspektor Chassepot ein Modell eines Hinterladungsgewehrs mit Perkussionszündung, also ohne Einheitspatronen vorgelegt, das bereits im Sommer 1863 mehrfachen Proben in Modellen verschiedenen Kalibers unterworfen worden war, das kleinere Kaliber hatte hierbei bedeutend günstigere Treffresultate ergeben, als das größere; bei beiden hatten sich aber als Uebelstände gezeigt, daß schwelende Papierreste in der Kammer zurückblieben und daß häufiges Versagen des Gewehrs eintrat. Zur Vorbeugung des ersten Uebelstandes war eine Erweiterung der Kammer vorgenommen worden. Von diesem ersten Modell kam Mitte Juni 1864 ein Exemplar nach Berlin und ist in Bezug auf seine Leistungsfähigkeit und Kriegsbrauchbarkeit durch die Königliche Militair-Schießschule geprüft worden. Da sich aus dem von derselben erstatteten

Berichte ein deutliches Bild von dem Gewehr gewinnen läßt, so sei mir gestattet, das Nachfolgende aus demselben anzuführen:

Es geschahen im Ganzen 264 Schuß aus dem Chassepotgewehr.

Die Kammer des Gewehrs, welche zur Aufnahme der Patronen dient, geht conisch zu den Zügen über, so daß ein allmähliges Eintreten des Geschosses bei der Entzündung des Schusses erfolgt.

Der Verschluß wird durch einen einfachen, fast massiven eisernen Kolben bewirkt, der mittelst einer kleinen eisernen Handhabe vor- und zurückgeführt werden kann und durch eine Sperrfeder bei geladenem Gewehr in seiner Lage erhalten wird. Bei dem Abdrücken des Gewehrs tritt aus dem Perkussionsschloß ein eiserner Stift in den Bolzen und verhindert in Gemeinschaft mit der Sperrfeder ein Zurückschnellen desselben bei der Explosion. Der Verschluß des Gewehrs ist ein sehr guter, da ein Ausströmen von Pulvergas nach rückwärts niemals bemerkt worden ist. Besonders fördernd scheint hierauf ein Kautschulpfropf zu wirken, der sich an dem oberen Theile des Bolzens befindet, bei der Explosion zusammengedrückt wird, sich saugend an die Wände der Kammer anlehnt und dadurch ein Entweichen der Gase verhindert. Dieser Pfropf hat durch die verfeuerten 264 Schuß in keiner Weise gelitten.

Unvortheilhaft erscheint der Mangel einer Mittelruh für den Hahn, so daß derselbe vollständig gespannt werden muß, um das Zündhütchen aufsetzen zu können.

Der Zündkanal des Zündstiftes verengt sich nach Innen trichterförmig, wodurch wohl die Intensität des Feuerstrahles des Zündhütchens, welcher das Papier der Patronenhülse durchschlagen muß, erhöhet, aber auch das Verstopfen des Zündloches befördert wird.

Das Visir erscheint für den Feldgebrauch wenig geeignet. Es besteht aus einem hohen Galgenklappvisir, in welchem ein Schieber auf und ab bewegt werden kann. Als Marken für die Stellung des Schiebers für die verschiedenen Distancen dienen kleine in gleichen Abständen von einander auf den Seiten des Galgens angebrachte Theilstriche, etwa 30, denen jede Angabe, für welche Distancen dieselben bestimmt sind, fehlt.

Das Standvisir wird durch eine Verstärkung mit Kimme am hinteren Ende der Klappe repräsentirt und hat einen Visirschuß auf 150 Schritt. Das Glattvisir des Galgens ist für 1000 Schritt bestimmt. Die Klappe wird, nachdem sie aufgeschlagen ist, durch die in eine Verstärkung des Laufes eingelassene Feder in ihrer aufrechten Stellung erhalten.

Das Korn ist oben mit einer runden Verstärkung versehen, was indeß nicht hindert, es genau in die Kimme nehmen zu können.

Die Trefffähigkeit des Gewehrs muß für alle Distancen bis 800 Schritt als eine recht gute, der des Zündnadelgewehrs gleichkommende, bezeichnet werden, auch wurden auf 900 und 1000 Schritt noch Treffer erzielt.

Die Flugbahnen der Geschosse sind mehr gestreckt, wie die des Langbleies und zwar beträgt die Differenz zu Gunsten des Chassepotgeschosses in der höchsten Erhebung über die Visirlinie
für die Entfernung von 300 Schritt 8½ Zoll,
„   „   „   „   400 „ 5 „

Auch in der Durchschlagskraft, welche auf 300 Schritt geprüft wurde, ist das Chassepotgeschoß dem Langblei etwas überlegen.

Was endlich die Ladefähigkeit betrifft, so ist dies jedenfalls die schwächste und eine sehr schwache Seite des Chassepotgewehrs. Nach dem Schusse bleiben sehr häufig Papierreste der Patronenhülsen in dem Patronenlager zurück und häufen sich sehr bald dergestalt, daß die neue Patrone beim Einbringen in den Lauf sich an ihrer Spitze so fest einklemmt, daß es unmöglich wird, mit bloßer Hand, selbst mit Aufbietung aller Kraft, den Verschlußkolben so weit vorzubringen, daß die Sperrfeder eingreifen kann. Um in solchen Fällen das Gewehr schußfertig zu machen, mußte der hölzerne Ladehammer benutzt werden und setzte die Patrone zuweilen einen so bedeutenden Widerstand entgegen, daß die Pulverladung zum Theil in Mehlpulver verwandelt wurde.

Bei dem Präcisionsschießen wurde diesem Uebelstande in der Regel dadurch begegnet, daß die Papierreste des vorigen Schusses mit einem Haken vor dem Laden entfernt wurden. Bei einem Dauerschießversuch, bei welchem 77 Schuß hinter einander verfeuert wurden, geschah dies nicht und kamen daher während desselben 21 Ladehemmungen vor, welche nur mit Hülfe des Hammers überwunden werden konnten, außerdem aber auch 13 Versager, welche ihren Grund in dem Festsetzen von Kupferstückchen in dem engeren Theile des Zündkanals hatten und ferner 2 sogenannte Brummer, bei denen die Geschosse ganz irreguläre Bahnen zeigten.

Auch die Patronen scheinen nicht den an eine kriegsbrauchbare Munition zu stellenden Forderungen zu entsprechen. Das Geschoß, welches unmittelbar auf dem Pulver sitzt, ragt nämlich mit seiner halben Länge aus der Patronenhülse hervor und ist mit derselben nur durch das Eindrücken des Papiers in eine Cannellirung des Geschosses verbunden, so daß sich diese Verbindung, wenn die Patronen einige Zeit in der Tasche getragen werden, sehr bald lockern und dann ein Auslaufen der Patronen zur Folge haben wird.

Hiernach resümirt die Königliche Militair-Schießschule ihr Urtheil dahin, daß das Chassepotgewehr in Bezug auf Trefffähigkeit, Durchschlagskraft und rasante Bahnen recht Gutes leistet, aber als Kriegswaffe nur einen untergeordneten Werth hat, weil es häufigen Ladehemmungen und Versagern unterworfen ist und auch seine Patronen den an eine kriegsbrauchbare Munition zu erhebenden Anforderungen nicht entsprechen.

Daß ein mit dergleichen Mängeln behaftetes Gewehr auch in Frankreich nicht genügen konnte, ist selbstverständlich und wurden daher nach und nach verschiedene Modelle von Chassepot und Anderen vorgelegt. Im Herbste 1865 erhielt Chassepot vom Kriegsminister den Auftrag, die Versuche mit seiner verbesserten Waffe selbst zu Vincennes zu dirigiren und begannen dieselben am 15. November 1865 unter spezieller Kontrolle eines höheren Artillerie-Offiziers. Als zu Anfang dieses Jahres die politischen Verhältnisse auf einen schnellen Entschluß hindrängten, wurde derselbe

unterm 20. März durch eine Kommission unter Vorsitz des General Leboeuf zu Gunsten der neuen Waffe gefaßt. In Folge hiervon wurden 500 Probegewehre unter Chassepots Leitung in Chatellerault angefertigt und gelegentlich des diesjährigen Lagers von Chalons durch eine commission supérieure, die aus den Divisionsgeneralen d'Autemarre und Bourbali, mehreren Brigadegeneralen, Obersten und anderen Offizieren aller Grade und aller Waffen zusammengesetzt war, ausgedehnten Prüfungen unterzogen. Dieser Kommission lagen hauptsächlich 2 Modelle vor:
1) Das verbesserte Chassepotgewehr und
2) Das Gewehr des Artillerie-Hauptmann Plumerel.

Der Hauptunterschied zwischen beiden bestand einestheils in der Patronenhülse, die beim Chassepotgewehr aus sehr dünnem Papier, beim Plumerelschen aus Pappdeckel besteht — anderentheils in einer Vorrichtung, welche am Plumerelschen Gewehre angebracht ist, um die im Laufe zurückbleibende Hülse gleichzeitig mit dem Oeffnen des Verschlusses zu entfernen. Die Chassepotpatrone ist nämlich aus sehr dünnem Papier gefertigt und am unteren Ende mit einem Pappspiegel versehen, in welchem sich die Zündung befindet. Die Zündung besteht in einem stark gefüllten Zündhütchen, welches eine kleine Oeffnung nach oben hat und in der Mitte des Pappspiegels mit der Oeffnung nach unten lagert. Die untere Oeffnung ist mit einem Plättchen von Guttapercha bedeckt, welches einestheils die Zündmasse schützen, andererseits aber, nachdem sie von der Zündnadel durchstochen, sich saugend an dieselbe anlegen und dadurch das Eindringen von Gasen in das Nadelrohr verhindern soll. Die Papierhülse ist nicht direkt, sondern durch eine Geschoßenveloppe von gefettetem Karton mit dem Geschoß verbunden. Beim Fortziehen dieser Enveloppe fallen Geschoß und Hülse auseinander. Die Enveloppe geht mit dem Geschoß durch die Seele, soll das Verbleien des Laufes verhindern und als Liderung fungiren. Mittelst Bindfaden ist sie an die Patronenhülse angewürgt. Die Hülse enthält 5½ Gramm Pulver (33 Zent) und besteht aus dünnem braunem Karton, welcher mit leicht verbrennlichem Seidenmousselin überzogen ist. Das obere Ende der Hülse wird ebenfalls durch einen eingelegten Deckel von Karton geschlossen, um der ganzen Patrone eine größere Festigkeit und hinlängliche Widerstandsfähigkeit gegen den Stich der Nadel zu geben und somit das Ausweichen des Zündhütchens zu hindern. Das Geschoß wiegt 24,5 Gramme, ist äußerlich vollständig glatt, ganz massiv und hat an der Basis eine ringförmige Verstärkung von 11,6 Mm. Die ganze Patrone wiegt 31¼ Gr. (1⅞ Lth.), während unsere Zündnadelpatrone 40 Gr. (2⅕ Lth.) und die Patrone des bisherigen französischen Infanteriegewehrs 41½ Gr. (2½ Lth.) wiegt. Der Hauptvorwurf, der dem Chassepotsystem gemacht worden, war der, daß die Patronenhülse zu subtil sei und die Patrone selbst zu schwer anzufertigen, da ein schon gut eingeübter Arbeiter an einem Tage nur höchstens 60 Stück zu fertigen vermag. Zur Abhülfe dieses Uebelstandes hatte Hauptmann Plumerel eine Papphülse vorgeschlagen. Dieselbe bot aber den Nachtheil dar, daß sie nach dem Schusse im Laufe zurückbleibt, während die Chassepotpatrone vollständig verzehrt wird. Dieser Umstand veranlaßte die Anbringung eines kleinen Löffels an dem Verschlusse, in dem die Patrone beim Laden gelegt und mittelst dessen ihre leere Hülse nach dem Schusse beim Oeffnen der Kammer wieder herausgezogen werden sollte. Diese Vorrichtung ist jedoch zu komplizirt befunden worden und hat sich in der Kommission nur eine Stimme, die des Artillerie-Generals Bentzmann, für das Plumerelsche Gewehr ausgesprochen. Abgesehen von dem erwähnten Uebelstande hat sich die Kommission dagegen mit den Resultaten des Chassepotgewehres außerordentlich zufrieden erklärt und seine Einführung sehr lebhaft befürwortet. Die Flugbahnen desselben sind sehr rasante und zwar bedeutend rasanter als die unseres Zündnadelgewehrs. Nach den Ermittelungen des Großherzoglich Hessischen Hauptmann v. Ploennies liegt der Kulminationspunkt des Chassepotgeschosses bei der Bahn für 400 Schritt 36,7 Zoll über der Visirlinie, während er bei der Bahn des preußischen Zündnadelgeschosses 57,3 Zoll darüber liegt. Für die Bahn von 800 Schritt liegt der Kulminationspunkt des Chassepotgeschosses 15,9 Fuß, der des Langblei 20,9 Fuß über der Visirlinie. In Folge hiervon hat das Chassepotgewehr auch bedeutend größere bestrichene Räume als das Zündnadelgewehr. Dieselben betragen auf 400 Schritt gegen Infanterie bei Chassepot 180 Schritt, beim Zündnadelgewehr nur 115 Schritt und gegen Kavallerie bei Chassepot 469 Schritt, beim Zündnadelgewehr 449 Schritt und auf 800 Schritt gegen Infanterie bei Chassepot 59 Schritt, beim Zündnadelgewehr 49 Schritt und gegen Kavallerie bei Chassepot 90 Schritt und beim Zündnadelgewehr 74 Schritt. Die Ladefähigkeit des Chassepotgewehrs ist so bedeutend, daß ein gewöhnlicher Schütze damit in der Minute 8 Schuß, ein gut eingeübter 12 Schuß thun kann. Im Lager von Chalons stellte man 2 Abtheilungen von je 32 Mann neben einander auf, von denen die eine mit dem bisherigen Infanteriegewehr, die andere mit dem Chassepotgewehr bewaffnet war. Erstere that 35, letztere 189 Schuß in der Minute. Ferner haben 84 chasseurs à pied in 32 Sekunden 320 Schuß im Tirailleurfeuer gegen Scheiben abgegeben, wobei also der Mann durchschnittlich 3,8 Schuß mit einer Schnelligkeit von 7,1 Schuß per Minute abgab. Schließlich haben nach offizieller Angabe die besten Schützen bei den Lagerübungen 48 scharfe Schuß in 4 Minuten abgeben können, wobei freilich das Laden aus den Taschen nicht vorausgesetzt werden kann. Nach allen diesen Angaben möchte man schließen, daß die Feuergeschwindigkeit des Chassepotgewehres dem des preußischen Zündnadelgewehres überlegen ist und daß beide sich etwa wie 4:3 zu einander verhalten.

Dieses zur Einführung gelangende Chassepotgewehr ist ein Zündnadelgewehr mit 4 sehr flachen Helicoidalzügen, die auf ihrer ganzen Länge einen und denselben Drall besitzen und deren Balken eine gleiche Breite wie die Züge haben. Es hat ein Kaliber von 11 Millimeter oder 42 hunderttheil Zoll und verfeuert eine Patrone, deren Gewicht zu dem der bisherigen Patrone dergestalt verringert ist, daß 80 Chassepotpatronen den Mann nur eben so beschweren als es 60 bisherige thaten. Bei etwas geringerer Länge als der des früheren wiegt das Gewehr nur 4½ Kilogr. oder 9 Pfund und trägt ein sabre-bayonnette. Die Patrone wird in eine an der rechten Seite des hinteren Laufendes befindliche Oeffnung eingesetzt. Ein Cylinder bewegt sich im Innern des hinteren Theiles des Laufes, schließt sich demselben innig an und maskirt oder bemaskirt die Ladeöffnung, je nachdem man ihn rückwärts oder vorwärts bewegt. Behufs dieser Bewegung ist er mit einem Handgriffe versehen. Der Cylinder besteht aus zwei Theilen von ungleicher Länge; der innere Theil, an welchem sich der Handgriff befindet, enthält die Spiralfeder, welche der Nadel ihre Vorwärtsbewegung verleiht und ist um einen Zapfen drehbar, der in den Verschlußcylinder in der Richtung seiner Achse eintritt. Der zweite kürzere Theil endigt in einem hahnartigen Knopfe. Zieht man diesen Knopf zurück, so wird die Spiralfeder gespannt. Der Zapfen, welcher beide Theile des Cylinders mit einander verbindet, dient als Schutz für die Nadel, welche beim Druck des Abzuges aus dem Zapfen hervorschnellt und in die am hinteren Theile der Patrone befindliche Zündung einbringt.

Der Verschlußcylinder wird in seiner Lage erhalten durch Anlehnen der Warze der Griffs gegen einen geraden Absatz der Hülse, so daß diese also nicht auf einer schrägen Fläche angetrieben zu werden braucht. Am vorderen Theile des Verschlußcylinders befindet sich eine Kautschukplatte, welche durch einen sich lose darauf lehnenden Deckel von Stahl bei der Explosion der Patrone zusammengedrückt wird und die vollkommene Dichtung übernimmt. Dieser Stahldeckel hat in seiner Mitte nach dem Laufe zu eine Erhöhung, um die sich ein leerer Raum bildet, auf welchen man Werth legt, da er zur Verminderung des Rückstoßes beiträgt und durch Aufnahme des Pulverrückstandes die Verschleimung beseitigt. Stahldeckel und Kautschukplatte sind selbstverständlich in ihrer Mitte für den Durchgang der Zündnadel durchbohrt.

Um zu laden sind folgende Griffe erforderlich: der hahnartige Knopf wird zurückgezogen und dadurch die Spiralfeder gespannt, darauf wird der Handgriff des Verschlußcylinders durch einen leichten Druck der rechten Hand in die Höhe gehoben und demnächst nach rückwärts gezogen; zuletzt wird die Patrone eingesetzt und das Gewehr durch zwei entgegengesetzte Bewegungen verschlossen, worauf es zum Feuern bereit ist.

Die Drehung des Verschlußcylinders beim Oeffnen und Schließen ist sehr kurz und fällt mit dem Vor- und Zurückschieben dieses Theils fast in eine Bewegung zusammen. Da ein kräftiges Aufschlagen des Verschlusses am Griff nicht erforderlich, so wird der rechte Arm bei lange andauerndem Feuer entschieden weniger angestrengt, als bei der Handhabung des Zündnadelgewehrs.

In welcher Ausdehnung die Infanterie der französischen Armee bereits gegenwärtig mit Chassepot-Gewehren bewaffnet ist, läßt sich schwer feststellen, da die Angaben darüber zu sehr differiren. Marschall Randon soll die Erwartung ausgesprochen haben, daß die Kaiserlichen Gewehrfabriken im Nothfalle bis zum nächsten Frühjahr 150,000 Stück liefern könnten; die Möglichkeit, dies zu können, wird von vielen Seiten bestritten und dabei hinzugefügt, daß die Regierung, wenn sie sich nicht an die Privat-Industrie wendet, durch eigene Kräfte erst in Jahresfrist dieses Quantum zu fabriziren vermögen würde.

Nach Zeitungsnachrichten sollte die Garde-Infanterie Mitte November mit dem Chassepot-Gewehr bewaffnet werden.

Obgleich das Chassepot-Gewehr durch Kaiserl. Decret vom 30. August 1866 definitiv angenommen worden und den Namen fusil modèle 1866 erhalten, so sind doch die Versuche zur Gewinnung neuer Schußwaffen nicht vollständig eingestellt, und es handelt sich bei diesen wesentlich um die Ermittelung eines Systems, nach welchem die großen Bestände der vorhandenen Waffen auf die beste und am wenigsten kostspielige Weise in Hinterladungsgewehre umgewandelt werden können. Doch scheint es, daß die französische Regierung zur Beschleunigung der Ausrüstung der Infanterie mit schnellladenden Gewehren neben dem Chassepot-Gewehr noch ein anderes, das von Henry Winchester, einzuführen gedenkt. Dieses Gewehr ist ein Magazingewehr, dessen Magazin für 14 Schuß unter dem Laufe liegt, das aber auch ohne Benutzung des Magazins Schuß für Schuß geladen werden kann. Bei den Aarauer Versuchen im Oktober dieses Jahres wurden aus diesem Gewehre bei der Ladung Schuß für Schuß innerhalb 4 Minuten 41 Schuß abgegeben; bei Benutzung des vorher gefüllten Magazins geschahen in 41 Sekunden 15 Schuß. Die französische Regierung will für das Henry Winchester-Gewehr das Kaliber von 11 Millimeter beibehalten, dasselbe nur für einen

Magazinvorrath von 7 Patronen darstellen lassen und wird wahrscheinlich gegenwärtig bereits mit der New Haven Arms Company eine Lieferung dieser Gewehre abgeschlossen haben.

Wenn die Infanterie mit dem Chassepot-Gewehr ausgerüstet sein wird, so wird Frankreich über Waffen verfügen, die dem preußischen Zündnadelgewehr überlegen sind. Der Hauptmann v. Ploennies, der den Aarauer Versuchen, die sich auch auf das Chassepot-Gewehr erstreckten, beigewohnt und selbstständige Prüfungen mit diesem Gewehre vorgenommen hat, außerdem aber sich den Ruf einer Autorität in Angelegenheiten der Handfeuerwaffen erworben, spricht die Meinung aus, daß der Gesammtwerth des Chassepot-Gewehrs sich zu dem des preußischen Zündnadelgewehrs wie 5 : 3 verhalte, wenn ein so komplicirtes Verhältniß sich überhaupt durch Zahlen ausdrücken läßt. Die rasanteren Bahnen im Verein mit der größeren Feuergeschwindigkeit des ersteren haben das früher günstige Verhältniß des letzteren zu Ungunsten desselben umgestaltet, so daß nach Durchführung der Bewaffnung der Grundsatz, daß 300 Zündnadelgewehre 900 Miniésgewehren im Feuergefecht gewachsen seien, dahin eine Modifikation erfahren wird, daß 300 Chassepot-Gewehre 500 Zündnadelgewehren im Feuergefecht gewachsen seien.

Preußen hat trotzdem den immensen Vortheil voraus, daß fast seit zwei Decennien das Zündnadelgewehr sich in die Armee eingelebt hat, daß es eine fertige Waffe ist, die glänzende Erfolge aufzuweisen hat, während das Chassepot-Gewehr als ein Neuling auftritt, an dem voraussichtlich noch manche Modifikationen sich im Laufe der Zeit als nothwendig herausstellen werden, abgesehen davon, daß wohl vor dem Jahre 1868 das Chassepot-Gewehr als alleinige Waffe nicht auf den Schlachtfeldern erscheinen kann.

Ist die Ueberlegenheit der neuen Waffe einmal konstatirt, so werden sich schon Mittel und Wege finden, das Gleichgewicht wieder herzustellen.

In England haben zum Theil ähnliche Verhältnisse mitgewirkt, von der Einführung eines Zündnadel- oder Hinterladungsgewehres abzusehen, als in Frankreich. Obgleich das Enfieldgewehr mit dem Pritchettgeschoß bereits seit dem Jahre 1853 bei der

Infanterie eingeführt worden, so hat es sich doch immer noch nicht alle höheren Offiziere zu Freunden erwerben können, von denen nicht wenige sich ihre alte Brown Beß, d. h. das glatte Perkussionsgewehr, zurückwünschen. Dem Schießunterricht ist zwar seit längerer Zeit Seitens der Regierung eine große Sorgfalt zugewendet worden, indem sie eine Schießschule zu Hythe etablirt und in der Person des Generals Hay einen General-Inspekteur des Schießens ernannt hat; aber aus verschiedenen Gründen scheinen diese Bemühungen nicht den gewünschten Erfolg gehabt zu haben, so daß der Inspektor General of Musketry in dem von ihm erstatteten Berichte über die im Jahre 1865 erzielten Resultate des Schießens erklären mußte, sie wären not so good, as it ought to be, sie wären schlechter, als sie sein sollten.

Zu diesen nachtheiligen Resultaten scheint die geringe Beliebtheit, deren sich die Schießschule zu Hythe in der Armee erfreut, wesentlich beigetragen zu haben. Nach mehrfachen Artikeln der Army and Navy Gazette vom Anfange dieses Jahres folgt die Mehrzahl der Offiziere dem Kommando zur Schießschule nur mit großer Unlust, weil sie, wie es beispielsweise heißt, daselbst nicht wie Gentlemen, sondern wie Schulbuben behandelt werden und weil man in derselben sie mit einem bedeutenden Gedächtnißwerke belastet, das ihnen wenig oder gar keinen Nutzen schafft. Auch gegen das System, nach welchem die Schießübungen bei den Truppen betrieben werden, namentlich gegen die Verlegung derselben auf die rauheste Jahreszeit, haben sich viele Stimmen erhoben, die den Erfolg gehabt haben, daß gegen Ende des April 1866 eine Kommission unter dem Präsidium des General Scarlett ernannt worden ist, mit dem Auftrage, das System der Schießübungen zu prüfen und Vorschläge zu einer angemessenen Verbesserung desselben zu formuliren. Der General-Inspekteur des Schießens, General Hay, ist dieser Kommission als Mitglied zugetheilt worden.

Kein Land der Welt hat wohl mehr Projekte von Hinterladungsgewehren seit geraumer Zeit aufzuweisen, als England, und wiederholt wurde den Militair-Autoritäten die Wichtigkeit dieses Gewehrsystems vorgetragen; sie haben aber viele Jahre lang sich standhaft geweigert, dieselbe anzuerkennen. Auf der Industrie-Ausstellung zu London im Jahre 1862 befanden sich neben vielen anderen Hinterladungsgewehren auch einige des Systems von Westley Richards in Birmingham, nach welchem die Regierung schon damals Karabiner für die Kavallerie anfertigen ließ. Der dichte Verschluß wird bei diesem System durch die Eigenthümlichkeit der Patrone erzielt, welche an ihrem Ende ein genau in den Lauf passendes dickes Stück Filz hat, das durch die Spannung der Gase saugend gegen das Verschlußstück und gegen die Laufwände angedrückt wird und dadurch jegliches Entweichen der Gase verhindert. Beim nachfolgenden Laden wird der Filzpfropf vor der einzulegenden Patrone hergeschoben und dient dann zugleich dazu, den Lauf von dem Pulverschleim zu reinigen. Die Regierung zahlte für diese Karabiner pro Stück 7 Pfund Sterling, mußte dem Fabrikanten aber dabei das Schaftholz liefern.

Nach einem Artikel der Times vom 25. August 1866 scheinen diese Karabiner entweder gar nicht oder nur in geringer Anzahl zur Ausgabe gelangt zu sein.

Das preußische Zündnadelgewehr selbst wollte sich in England keines Beifalles erfreuen, sogar nicht nach seinen Erfolgen auf der jütischen Halbinsel. Am 7. April 1864 fragte Onslow im Unterhause den politischen Unterstaatssekretair im Kriegsdepartement, Marquis v. Hartington, ob seine Aufmerksamkeit in Folge der Mittheilungen des Times-Korrespondenten aus Sonderburg auf die große Ueberlegenheit des preußischen Zündnadelgewehrs gelenkt worden sei. Der Lord erwiderte, daß diese Waffe dem Ordnance Select Committee wohl bekannt sei, daß dasselbe 2 Exemplare davon besitze und mit ihnen vor einigen Jahren Versuche in Woolwich angestellt habe. Das Gewehr sei sehr wirksam für eine beschränkte Anzahl von Schüssen, nach längerem Schießen werde aber die Gasentweichung so groß, daß das Feuern gefährlich werde. Es sei möglich, daß man seitdem das Zündnadelgewehr vervollkommnet habe, aber es läge kein Grund zu der Annahme vor, daß das preußische Gewehr dem von Westley Richards, von welchem ein Quantum für die Armee bestellt worden, überlegen sei.

Trotz dieser Aeußerung des Marquis v. Hartington scheinen die Erfolge des Zündnadelgewehrs in Schleswig doch einen mächtigeren Eindruck in England hervorgerufen zu haben, als man hiernach meinen sollte, wobei freilich die aus den Vereinigten Staaten Nordamerikas stammenden Berichte über die Vortheile der Hinterladungsgewehre beigetragen haben mögen. Während des Bürgerkrieges sind nämlich bei der Infanterie der Nordstaaten mehrfach breech loading guns zur Anwendung gelangt, wie z. B. die Spencer repeating guns und haben durch ihre große Ladefähigkeit bei den Truppen der Südstaaten einen so bedeutenden Ruf erlangt, daß die Konföderirten oftmals den Ausspruch gethan: The Yankees load all night and fire all day, die Yankees laden während der Nacht und feuern dann den ganzen Tag.

Das englische Kriegsministerium sprach sich im Prinzip für die Bewaffnung der Armee mit Hinterladungsgewehren aus und dachte zunächst daran, die vorhandenen 800,000 Enfieldgewehre hierzu zu benutzen, verfolgte also den entgegengesetzten Weg, als das französische Ministerium, welches zuerst ein neues Gewehrmodell herzustellen strebte und demnächst auf die Transformation der vorhandenen Gewehre reflektirte.

In dieser Absicht erließ das War office unter dem 24. August 1864 eine öffentliche Aufforderung zur Einreichung von Projekten zur Umformung der Enfieldgewehre, die folgenden Bedingungen entsprechen sollten. Die Transformation durfte pro Gewehr die Kosten von 1 Pfund Sterling nicht überschreiten, außerdem sollten die Schießresultate der umgeänderten Waffe denen des Enfieldgewehres nicht nachstehen.

Funfzig verschiedene Systeme wurden dem Ordnance Select Committee vorgelegt und von diesen die anscheinend acht besten zur weiteren eingehenden Prüfung ausgewählt. Die über diese Prüfung unter dem 8. Februar und 14. März 1865 erstatteten Berichte sind auf Anordnung des Unterhauses vom 4. Juli 1865 gedruckt worden und ergeben sich aus diesem Parlamentspapier die nachfolgenden Einzelnheiten.

Die zu detaillirteren Versuchen besignirten Systeme waren die von Mont-Storm, Westley Richards, Thomas Wilson, E. E. Green,

Snider, Joslyn und Shepard. Die ersteren vier Systeme behielten das Zündhütchen und das Piston des Enfieldgewehres bei, bei den drei letzteren waren, die Zündung enthaltende, Metallpatronen zum Gebrauch bestimmt. Shepard hatte für jedes dieser Systeme ein Projekt vorgelegt.

Man ließ durch die Königliche Gewehrfabrik 48 vollständig neue Enfieldgewehre auswählen, sie auf 500 Yards auf ihre Treffwahrscheinlichkeit prüfen und übergab sie zu je 6 Stück an die konkurrirenden Bewerber zur Umänderung in Hinterladungsgewehre mit der Bedingung, daß die umgeänderten Gewehre innerhalb zweier Monate einschließlich 1000 Patronen abgeliefert werden müßten.

Mont Storm hatte auf sein System bereits im November 1860 ein Patent genommen und es im April desselben Jahres schon dem Ordnance Select Committee vorgelegt. Er schneidet etwa 2½ Zoll vom hinteren Theile des Enfield-Laufes ab und bringt dafür ein zur Aufnahme der Ladung und des Geschosses geeignetes Kammerstück an, welches sich um ein an dessen vorderer Fläche befindliches Charnier bewegen und durch einen von dem Schlosse abhängigen Bolzen in der Feuerposition feststellen läßt. Die Dichtung wird durch einen Expansionsring vermittelt.

Westley Richards System ist mit dem bei dem Kavallerie-Karabiner benutzten identisch; der Konstruktor aber hatte einen Haken zum Herausziehen des in seiner Mitte durchlochten Filzspiegels und der nach jedem Schusse zurückbleibenden Papierreste der Patronenhülsen angebracht.

Wilsons System wurde dem Komité bereits im April 1860 vorgelegt. Der hintere Theil des Enfield-Laufes wird abgeschnitten, der Lauf nach rückwärts aber wiederum durch ein mehrere Zoll langes, behufs Einsetzens der Patrone, oben offenes Stück verlängert. In der Verlängerung bewegt sich in Falzen das Verschlußstück, welches beim Feuern durch einen Querbolzen festgehalten wird, der durch dasselbe und durch den Schaft geht, durch letzteren wenig hinter und über dem Pivot des Hahnes. Zur Dichtung dient ein im Verschlußstück angebrachter Spiegel von Kautschuk.

Greens System wurde im Mai 1863 vor das Komité gebracht. Es gleicht dem von Wilson in Bezug auf die Art des Verschlusses, nur läßt sich derselbe mittelst eines Hebels um einen Viertelkreis drehen. Ein Kutschulspiegel vermittelt gleichfalls die Liderung.

Sniders Projekt ist ein System mit Einheitspatronen. Er schneidet den hinten offenen Lauf an seinem oberen Theile zur Einbringung der Patrone auf etwa 2 Zoll ab und bringt ein solides Verschlußstück an, welches sich seitlich um ein Charnier bewegt. Durch dieses geht ein beweglicher Zündstift, dessen eine Seite bei geschlossenem Verschluß den Schlag eines Hammers empfängt und ihn der Zündung der Patrone mittheilt. Der Mechanismus ist außerdem mit einer Vorrichtung zur Entfernung der Patronenhülse nach jedem Schusse versehen.

Joslyn's System, das ebenfalls auf Einheitspatronen basirt, war dem Komité seit dem Dezember 1861 bekannt. Der Verschluß bewegt sich um ein seitlich angebrachtes Charnier und hat eine Vorrichtung, welche einerseits die Patrone beim Laden vorschiebt, andererseits die leere Hülse nach dem Feuern entfernt. Die nach diesem System umgewandelten Büchsen konnten nicht zu den Versuchen herangezogen werden, da das Gouvernement der Vereinigten Staaten die Absendung derselben von New-York nicht gestattete.

Das eine System Shepards behielt die Perkussionszündung bei, das andere verwendete eine metallene Einheitspatrone und war dem Komité bereits im Februar 1864 eingesendet worden.

Die Versuche begannen am 9. Januar 1865 und hatten zunächst die Beseitigung der beiden Projekte Shepards zur Folge, da die eingelieferten Patronen trotz aller Sorgfalt beim Laden zerbrachen und durch das verstreute Pulver den Verschluß ungangbar machten. Es kamen somit nur 5 Systeme wirklich in Konkurrenz, von denen nur eins, das von Snider, mit Einheitspatronen versehen war.

Die Gewichte der Gewehre, Ladungen und anderweitigen Details sind aus der nachfolgenden Tabelle ersichtlich:

System	Mittleres Gewicht des Gewehrs ohne Bajonet. (K. Unz.)	Uebergewicht über das Einfelb-getrebt. (Unz.)	Zaufläuge von der Mündung bis zum Boden der Patrone. (Fuß.)	(Zoll.)	Piston.	Geschoß Länge. (Zoll.)	Durch-messer. (Zoll.)	Gewicht. (Gran.)	Pulverladung. (Gran.)	Patrone Beschreibung.	Einfettung.	Gewicht von 60 Schuß. (K. Unz.)	Differenz gegen 60 reglements-mäßige Schuß. (Unz.)
Westley Richards	9 8¼	8¼	3	2,5	Konisch und mit Platina bedeckt.	0,985	0,599	530	76	Papierhülse mit Filzspiegel am Boden.	Eigen-thümliche.	5 11¾	$+\ 0$
Wilson	9 11¾	11¾	3	2,6	Konisch.	1,087	0,570	530	70	Papierhülse mit Filzspiegel am Boden.	Wachs und Talg.	5 8¾	$-\ 3$
Snider	9 5¼	5¼	3	0,6	Rein. — Zündhütchen in Patrone.	1,105	0,568	530	65	Papier maché mit Bronzehült-chen am Boden.	Wachs und Talg.	6 —	$+\ 4¼$

— 74 —

System	Mittleres Gewicht des Gewehrs ohne Bajonet		Uebergewicht über das Enfieldgewehr	Lauflänge von der Mündung bis zum Boden der Patrone		Patrone							Gewicht von 60 Schuß		Differenz gegen 60 reglementsmäßige Schuß
						Pfson	Geschoß			Pulverladung	Beschreibung	Einfettung			
	Pf.	Unz.	Unzen	Fuß.	Zoll.		Länge Zoll.	Durchmesser Zoll.	Gewicht Gran.	Gran.			Pf.	Unz.	Unzen
Storm	9	4½	4½	3	2,5	Konisch und mit Patina bedeckt.	1,044	0,533	530	70	Hülse von thierischer Haut in äußerer Papierhülse oder Dienstpatrone.	2 Theile Wachs, 1 Theil Talg.	5	10¾	+1½
Green	9	8¼	8¼	3	2,7	dito.	1,100	0,532	530	72	Papierhülse mit Filzspiegel am Boden.	Wachs und Talg.	5	10¾	+1½

Maß und Gewicht sind englisch.

Die Versuchs-Kommission ermittelte zunächst die Feuergeschwindigkeit der fünf Konkurrenzgewehre im Verhältniß zu der des Enfieldgewehres. Hierzu geschahen aus zwei Gewehren je 5 Serien zu 20 Schuß, ohne daß dieselben gereinigt wurden. Als Resultat ergab sich, daß zu 20 Schuß erforderlich sind:

System.	Im Minimum.		Im Maximum.		Im Mittel.		
	Min.	Sek.	Min.	Sek.	Min.	Sek.	
Storm	2	35	3	27	3	1	Das Mittel ist aus 9 Serien à 20 Schuß gezogen, da eine Serie durch einen ungeschickten Mann gefeuert war.
Westley Richards	2	49	4	59	3	29	Es kamen Ladehemmungen durch Stücke des Filzspiegels vor.
Wilson	2	28	3	12	2	44	Das Mittel aus 5 Serien à 20 Schuß aus nur einem Gewehr.
Green	2	16	2	56	2	26	
Sniber	2	10	3	38	2	46	Verzögerung durch eine zu gedrängt gehende Patrone.
Enfieldgewehr.	5	37	8	9	6	52	

Bei diesen Versuchen waren die Patronen und Zündhütchen den Schützen bequem zur Hand gelegt, im Ernstgebrauch stellt sich aber die Feuergeschwindigkeit entschieden mehr zu Gunsten der Systeme mit Einheitspatronen, weil bei ihnen die Zündmittel nicht besonders aus einer Tasche zu entnehmen sind. Die Kommission schloß aber aus den Ergebnissen, daß die Ladefähigkeit der Hinterlader im Verhältniß zu der der Vorderlader sich wie 2 : 1 bei den Systemen herausstelle, welche Zündhütchen verwenden und wie 3 : 1 bei den Systemen mit Einheitspatronen.

Diese Annahme hat sich bei späteren Versuchen, bei denen feldmäßig geladen wurde, ziemlich bewahrheitet, denn hierbei wurden zu 20 Schuß gebraucht:

mit dem Gewehr von Snider . . . 2 Minut. 35 Sekund.
" " " " Green . . . . 3 " 18 "
" " " " Storm . . . 4 " 23 "
" " " " Wilson . . . 4 " 34 "
" " " " Westley Richards 4 " 44 "
" " Vorderlader-Enfieldgewehr . 7 " 20 "

Die von Wilson zuerst gelieferte Munition bestand in Patronen mit Hülsen von thierischer Haut; da diese sehr mangelhaft waren, so wurde ihm gestattet, sie durch bessere zu ersetzen, welche demnächst während der besprochenen Versuche zur Anwendung gelangten.

Westley Richards Geschoß unterschied sich von allen anderen dadurch, daß es keine innere Höhlung, sondern an der Basis einen Vorstand hatte. Die Pulverladung betrug 76 Gran, also 6 Gran mehr als die des Enfieldgewehres. Die Patrone war mit einem so bedeutenden Quantum Schmiermittel versehen, daß dadurch die rechte Hand sehr stark eingefettet und die Handhabung der Patrone, des Zündhütchens und des Verschlusses schwierig wurde.

Die Gewehre wurden darauf während einer Nacht den Unbilden des Wetters ausgesetzt und am folgenden Tage, ohne gereinigt zu werden, mit 50 Schuß belegt. Die nächste Nacht wiederum im Freien gelassen, geschah am folgenden Tage eine zweite Serie von 50 Schuß und, nachdem dieselben auch während einer dritten Nacht den Witterungseinflüssen zugänglich gewesen, wurde mit ihnen auf 500 Yards Entfernung nach Scheiben geschossen und drei Scheibenbilder à 20 Schuß für jedes Gewehr erzeugt.

Hierbei erhielt man folgende mittlere radiale Abweichungen:

beim Gewehr Mont Storm . 2,58 Fuß englisch
= = Westley Richards 1,81 = =
= = Wilson . . . 2,19 = =
= = Green . . . . 3,59 = =
= = Snider . . . 5,00 = =
= Enfieldgewehr . . . . 1,64 = =

Diese mittleren Abweichungen können zu einem scharfen Vergleiche nicht benutzt werden, weil sie an verschiedenen Tagen unter veränderten Witterungsverhältnissen sich ergaben; sie beweisen aber die Gebrauchsfähigkeit der einzelnen Gewehre trotz der angreifenden Proben, denen sie unterworfen worden.

Nach Beendigung dieses Schießens waren aus jedem Versuchsgewehre 270 Schuß verfeuert, ohne daß eine Reinigung stattgefunden. Versager waren hierbei eingetreten:

1 beim Gewehr von Westley Richards,
1 = = = Wilson (bei einem Exemplare, das andere war mangelhaft und wurde nicht in Betracht gezogen),
8 = = = Snider (einige in Folge von Fabrikationsmängeln des einen Gewehrs, einer in Folge einer leeren Hülse, einige in Folge mangelhafter Zündmittel),
1 = ungeänderten Enfieldgewehr.

Eine sorgfältige Untersuchung der auseinandergenommenen Gewehre zeigte, daß die sämmtlichen Verschlüsse völlig untadelhaft geblieben, daß aber die Schäfte der beiden Gewehre von Westley Richards und der Schaft je eines Gewehres von Wilson und Mont Storm gebrochen waren. Bei dieser Besichtigung fand sich gleichzeitig, daß der Schaft an dem Gewehre von Snider am wenigsten ausgeschnitten und somit auch am wenigsten geschwächt war und daß diesem in dieser Hinsicht der Schaft des Gewehres von Mont Storm am nächsten stand, während die drei Gewehre von Westley Richards, Wilson und Green ziemlich gleichmäßig im Schaft geschwächt erschienen.

Zur Ermittelung der Treffwahrscheinlichkeit wurden die vier vorher nicht benutzten Gewehre jeden Systems herangezogen. Hierbei kam an jedem Schießtage wenigstens ein Exemplar jeder Sorte zur Anwendung. Da zwei Scheiben zur Benutzung standen, wurden die Versuchsgewehre paarweise auf 500 und 800 Yards gebraucht, indem für jede Entfernung 2 Scheibenbilder à 20 Schuß für jedes einzelne Gewehr erzeugt wurden. Die Gewehre waren hierbei eingespannt. Hierbei ergaben sich folgende mittlere radiale Abweichungen:

für das Westley Richards-Gewehr auf	500 Yards	1,73	engl. Fuß
" " " " "	800 "	2,55	" "
" " Storm- " "	500 "	2,07	" "
" " " " "	800 "	4,16	" "
" " Wilson- " "	500 "	2,09	" "
" " " " "	800 "	4,35	" "
" " Snider- " "	500 "	4,63	" "
" " " " "	800 "	4,87	" "
" " Green- " "	500 "	4,67	" "
" " " " "	800 "	7,56 " "
während das Enfieldgewehr " "	500 "	1,57	" "
" " " " "	800 "	3,93	" "

mittlere radiale Abweichung bei den Versuchen des Jahres 1864 ergeben hatte.

Es ergab mithin nur das Westley Richards-Gewehr auf 800 Yards ein günstigeres Resultat, als die unveränderte Enfieldbüchse, während letztere auf 500 Yards sich allen versuchten Gewehrsystemen überlegen zeigte.

Die größere Treffwahrscheinlichkeit des Westley Richards-Gewehres suchte die Kommission in seiner um 6 Gran die Ladung des reglementsmäßigen Gewehrs übersteigenden Ladung und in seinem Vollgeschoß, dessen Blei durch Zusatz von Antimon gehärtet war.

Die schlechten Ergebnisse von Sniders Gewehr auf 500 Yards wurden dem mangelhaften Pulver seiner Patronen zugeschrieben.

Auf 800 Yards wurden Patronen gebraucht, bei denen die Sniderschen Hülsen mit Militairpulver gefüllt waren und ergaben dieselben vergleichsweise günstigere Resultate.

Die Kommission wiederholte demnächst die Treffwahrscheinlichkeits-Versuche auf 500 und 800 Yards aus 2 Gewehren jeden Systems mit Patronen, die aus der reglementsmäßigen Ladung und den vorgeschriebenen Geschossen durch die Konstruktoren hergestellt waren.

Hierbei ergaben sich aus je 4 Scheibenbildern à 20 Schuß folgende radiale mittlere Abweichungen:

für das Gewehr von Storm	auf 500 Yards	2,12 engl Fuß
" " " "	" 800 "	4,40 "
" " " " Snider	" 500 "	2,12 "
" " " "	" 800 "	7,18 "
" " " " Wilson	" 500 "	3,13 "
" " " "	" 800 "	5,50 "
" " " " Green	" 500 "	5,38 "
" " " "	" 800 "	8,25 "
" " " " Westley Richards	" 500 "	5,87 "

Das Gewehr von Westley Richards wurde auf 800 Yards mit dieser Munition nicht geprüft, da die Geschosse stark streueten.

Der Versuch zeigte, daß die reglementsmäßigen Patronen aus den verschiedenen Gewehren, mit Ausnahme des von Westley Richards, verwendet werden können.

Storms Gewehr feuert mit beiden Munitionsarten ziemlich gleich gut. Sniders Gewehr schießt mit der Dienstpatrone auf 500 Yards besser als mit der eigenen, auf 800 Yards aber schlechter. Wilsons und Greens Systeme erzielten auf beiden Entfernungen mit der vorschriftsmäßigen Patrone entschieden ungünstigere Resultate als mit der eigenen.

Zur Ermittelung der Perkussionskraft geschahen aus je 2 Gewehren jeden Systems 5 Schuß auf 30 Yards gegen $1/2$ zöllige rüsterne Bretter, welche vorher in Wasser eingeweicht und in Rahmen mit $1/2$ Zoll Abstand von einander eingesetzt waren.

Hierbei durchbrang das Geschoß
des Gewehrs von Westley Richards 16³/₄ Bretter,
„   „   „ Storm 11³/₄ „
„   „   „ Wilson 11¹/₃ „
„   „   „ Snider 11 „
„   „   „ Green 10¹/₂ „

Die große Ueberlegenheit des Westley Richards Gewehrs in Bezug auf Eindringungstiefe muß seiner größeren Ladung und seinem härteren Geschosse beigemessen werden.

Nach Darstellung dieser Versuchsergebnisse und nach einer eingehenden Kritik der einzelnen vorgelegten Gewehrsysteme kommt das Komité zu dem Schlusse, daß ein System, welches auf Perkussionszündung basirt sei, zu große Nachtheile einem anderen gegenüber darbietet, welches Einheitspatronen benutzt und glaubt daher auch nicht, das System von Montgomery Storm, das sonst allen an eine transformirte Waffe zu stellenden Anforderungen entsprechen würde, zur Umänderung empfehlen zu können.

Der Verschlußapparat des Sniderschen Systems, des einzigen der vorgelegten Systeme, welches sich auf Einheitspatronen gründet, wird als gut und sicher bezeichnet, seine Handhabung ist leicht und eine Gasentweichung findet bei ihm nicht Statt, aber die Schießresultate des Gewehrs sind mangelhafter als die des Enfieldgewehres. Das Komité schreibt diese ungünstigen Ergebnisse den Patronen zu, welche mannigfacher Verbesserungen fähig seien und auch einer Beschädigung des Laufs, welche während der Umwandlung dadurch eintreten kann, daß der Lauf behufs Anbringung des Charniers des Verschlusses bis zur Rothglühhitze erwärmt werden muß. Da Snider versprochen, diese Uebelstände zu beseitigen und eine verbesserte Waffe und eine vervollkommnete Munition vorzulegen, so hält das Komité die mit dem Sniderschen Gewehre erhaltenen Resultate ermuthigend und dies um so mehr, als es von der Ansicht ausgeht, daß es dem Erfinder gelingen werde, sein Versprechen zu realisiren.

In dem unterm 14. März 1865 erstatteten Berichte geht das Komité aber zum Schlusse auch auf die allgemeine Seite der Gewehrfrage ein und sagt hierüber:

Die Bewaffnung der Infanterie mit Hinterladungsgewehren ist endgültig beschlossen. Sie könnte mit verhältnißmäßig geringen Kosten durch Umwandlung der vorhandenen Gewehre bewirkt werden, aber es ist ohne Zweifel, daß das Kaliber, der Drall und die Form der Züge der Enfieldgewehre für gutes Schießen nicht die günstigsten sind und daß kein transformirtes Gewehr diejenige Präcision besitzen wird, welche man bei einem neuen Hinterladungsgewehr durch kleineres Kaliber und schärferen Drall leicht erreichen kann.

Wenn unter diesen Umständen und trotz der großen Kosten die Regierung auf den Plan einzugehen geneigt wäre, ein neues Hinterladungsgewehr von kleinem Kaliber, sobald ein Modell dazu vorhanden, einzuführen, so würde es dem Komité nicht wünschenswerth erscheinen, die Umänderung der Enfieldbüchsen gegenwärtig in größerem Maßstabe vorzunehmen. Es empfiehlt daher, den Erfinder Snider zur Fortsetzung seiner Versuche durch das Versprechen aufzumuntern, daß ihm 1000 Gewehre zur Umänderung übergeben werden sollen, wenn er dem Komité ein befriedigendes Modell vorgelegt hat. Die weitere Ausdehnung der Umwandlung wird dann von dem Erfolge der Versuche mit einer neuen kleinkalibrigen Waffe, der mehr oder weniger großen Wahrscheinlichkeit ihrer Einführung und von den Urtheilen abhängig zu machen sein, welche die Truppen, denen transformirte Waffen übergeben werden, fällen werden.

Nach Erstattung dieses Komitéberichtes ist es dem Erfinder in der That gelungen, sowohl sein Gewehr als auch dessen Munition zu verbessern, so daß, da, wie es scheint, das Modell einer neuen Waffe noch nicht den erforderlichen Beifall gefunden, die Umänderung der Enfieldgewehre Großbritanniens im Gange ist und mit allen Kräften betrieben wird, so daß man Anfangs April 1867 schon 250,000 Stück transformirte Gewehre mit 40 Millionen Patronen vorräthig zu haben hofft. Bei der Verbesserung der Patronen ist der Direktor des Laboratoriums zu Woolwich, Oberst Boxer, mit thätig gewesen, so daß sie nunmehr allen Anforderungen entsprechen. Sie sind gegen Feuchtigkeit in einer Weise geschützt, wie sie unter gewöhnlichen Verhältnissen nicht nöthig, sie sind gegen zufällige Entzündungen einerseits und gegen Versager andererseits gesichert, ihr Preis überschreitet den der bisherigen Enfieldpatronen unbedeutend und wird sich bei der Fabrikation im Großen wahrscheinlich mit ihm gleich stellen. Die Hülse der Patronen ist aus Bronceblättern gebildet, die so dünn wie Zinnfolie sind und zu hohlen Cylindern aufgerollt werden, welche an einem Ende das Geschoß, am anderen Ende das Zündmittel aufnehmen, welches Letztere dem sogenannten Centralfeuer der Jagdpatronen ähnelt. Die Broncehülse, welche mit wasserdichtem Papier umgeben ist, blättert beim Abfeuern auf und befördert dann die Dichtung des Verschlusses; verschwindet der Gasdruck, so schrumpft sie zusammen und erleichtert dadurch ihr Herausschaffen aus dem Patronenlager. Das Geschoß gleicht dem Pritchettgeschoß des Enfieldgewehrs, ist aber etwas leichter als dieses und an seinem hinteren Ende mit Cannelirungen versehen, welche reines Bienenwachs als Schmiermittel aufnehmen.

Statt nach dem Abschneiden des hinteren Theiles des Laufes denselben oben zur Einführung der Patrone mit einer Oeffnung zu versehen und an demselben ein Charnier zu befestigen, hat Snider bei seinem neuesten Modell an den verkürzten Lauf einen besonderen Cylinder, welcher den ganzen Verschlußapparat aufnimmt, angeschraubt, wodurch die Nothwendigkeit vermieden wird, den Lauf zur Anbringung des Charniers in Rothglühhitze zu versetzen. Ein Stahlcylinder, gegen dessen vordere Fläche sich die Patrone lehnt, bildet den Verschluß. Ein Zündstift überträgt den Schlag des Hammers durch den Verschluß auf das Zündmittel der Patrone, deren leere Hülse nach dem Abfeuern durch eine am Verschlußtheil angebrachte Vorrichtung herausgeschafft wird. Beim Oeffnen des Verschlusses wird der Zündstift mittelst einer Feder zurückgezogen, um zu neuer Aktion bereit zu sein.

Die Times hat Ende August einen Vergleich des nach Sniders System umgeänderten Enfieldgewehrs mit dem preußischen Zündnadelgewehr geliefert. In dem betreffenden Artikel sagt sie das Folgende:

„Der englische Hinterlader ist dem Zündnadelgewehr in Allem, auf die Treffähigkeit und Feuerschnelligkeit bezughabende, fast

4fach überlegen, während in Beziehung auf die Sicherheit und leichte Handhabung des Mechanismus ein Vergleich kaum angänglich. Acht verschiedene Tempos sind erforderlich, um das needle gun zu laden und abzufeuern, während bei Sniders Gewehr nur 4 nothwendig sind. Sieben Schuß sind aus dem preußischen Gewehr in der Minute gefeuert, im Mittel 4 Schuß, während 21 Schuß in der Minute aus dem englischen Hinterlader, im Mittel 10 Schuß, geschehen sind."

Die Times fährt dann fort: Man hat die Waffe von Snider nach allen nur irgend möglichen Richtungen geprüft. Man hat das oben hermetisch verschlossene Gewehr mit Gasen gefüllt, um seine Dichtung zu erproben; man hat es, sowohl geladen als ungeladen, unter Wasser gelegt und doch hat es nach längerem Verweilen darin niemals versagt. Die Broncehülse der Patrone ist eine große Verbesserung, sowohl wegen ihrer Haltbarkeit als auch wegen ihrer Wasserdichtigkeit. Zuverlässig denkt Niemand daran, seine Munition mehrere Stunden ins Wasser zu legen, aber es gewährt doch einige Beruhigung, wenn man weiß, daß die Patronen beim Eintritt eines solchen Falles nicht leiden. Jeder, der die Sorglosigkeit der Mannschaften in Bezug auf ihre Patronen kennt und weiß, wie oft sie dem Regen und der Feuchtigkeit ausgesetzt werden, wird den Werth einer wasserdichten Patronenhülse zu schätzen wissen. Eine englische Brigade wurde in der Schlacht an der Alma fast wehrlos, weil ihre Patronen beim Durchschreiten des Flusses naß geworden waren.

So weit der erwähnte Artikel der Times. Hinzugefügt möge noch werden, daß die Umänderung der Gewehre nach Sniders System in der Königlichen Gewehrfabrik zu Enfield zu dem Preise von etwa 14 Schillingen pro Gewehr ausgeführt wird und daß, Zeitungsnachrichten zufolge, Mitte November eine Anzahl transformirter Waffen nach dem Lager von Aldershot zur Instruktion der Mannschaften gesendet worden ist.

Wie weit die Neukonstruktion eines verbesserten Gewehres gediehen, ist nicht bekannt. Im Gange ist sie seit längerer Zeit, denn bereits unterm 21. Juni 1865 erließ der General St. George im Auftrage des Kriegsministeriums einen Aufruf an die Waffenfabrikanten, sich an einer Konkurrenz zur Gewinnung eines guten Hinterladungsgewehrs für die Armee zu betheiligen. Der Aufruf bestimmte, daß das Kaliber 11,43 Millimeter (0,450 Zoll), die Rohrlänge 990,6 Millimeter (39 Zoll), das Rohrgewicht zwischen 2 Kilogr. 41 Gramme und 2 Kilogr. 268 Gramme (4 Pfund 8 Unzen bis 5 Pfund) betragen, das Gewicht der ganzen Waffe mit Putzstock, aber ohne Bajonet, 4 Kilogr. 82 Gramme (9 Pfd.) nicht überschreiten solle. Das Geschoßgewicht sei zu 31,1 Gramme (480 Grains) und die Ladung höchstens zu 4,53 Gramme (70 Grains) anzunehmen. Einheitspatronen würden vorgezogen, doch sei diese Bedingung nicht durchaus obligatorisch. Form, Zahl und Drall der Züge zu wählen, wurde dem Erfinder überlassen, doch behielt sich die Verwaltung vor, bei Annahme eines bestimmten Waffenmodells oder eines speziellen Verschlusses doch eventuell andere Züge oder andere Patronen, als die vom Erfinder empfohlenen, zu adoptiren.

Die sich an der Konkurrenz betheiligenden Waffenfabrikanten wurden aufgefordert, Zeichnungen und Modellexemplare ihrer Projekte bis zum 30. September 1865 einzusenden.

In Oesterreich sind seit längerer Zeit ausgedehnte Versuche zur Gewinnung eines Hinterladungsgewehrs angestellt, und wandte man zunächst seine Aufmerksamkeit auf ein System, das die Umänderung der die Zahl von einer Million überschreitenden vorhandenen Gewehre, gestattet, da man bei der bedrängten Finanzlage des Staates die Ausgabe mehrerer Millionen Gulden für die Beschaffung neuer Gewehre vermeiden wollte. Als ein solches System bot sich das von dem in New-York angesiedelten deutschen Ingenieur Eduard Lindner in Vorschlag gebrachte dar und wurden daher vor etwa zwei Jahren Experimente mit demselben in Ausführung gebracht, die seitdem durch eine besonders bestellte „Schießversuchskommission" unter dem Präsidium des Feldmarschalllieutenant Baron v. Stein fortgesetzt und auch auf andere Systeme ausgedehnt wurden, bisher ihren Abschluß aber noch nicht gefunden haben.

Die Grundidee des Lindnerschen Systems besteht in der Verbindung des Gewehrlaufes mit einem Kammerstück durch eine beide

Theile umfassende Schraubenmutter. Das hintere Ende des Laufes wird auf etwa 3½ Zoll Länge abgeschnitten und ist dieses abgeschnittene Ende dann wiederum durch eine etwa 2½ Zoll lange Schraubenmutter in der Weise mit dem Laufe verkuppelt, daß die Trennung und korrekte Verbindung in einfacher Weise bewirkt wird. Die genannte Kuppelung oder Mutter bildet nämlich einen hohlen Cylinder, dessen vorderer Theil als Mutter das mit entsprechendem Gewinde versehene hintere Laufende umfaßt, während sich im hinteren Theile eine vorstehende Leiste befindet, welche in eine am vorderen Ende des Kammerstücks eingedrehte Nuth greift, so daß durch das Drehen der Schraube das Kammerstück fest gegen das Rohrende gepreßt wird. Der hintere Theil der Verbindungsröhre ist zur Hälfte herausgeschnitten und bildet eine offene Rinne zur Aufnahme des niedergedrückten Kammerstückes. Bei der Drehung der Mutter wird die erwähnte Leiste in der entsprechenden Nuth geführt und zugleich die Kammer an den Lauf herangezogen.

Der gesammte Mechanismus fordert kein allzu exaltes Ineinanderpassen der einzelnen Theile, um richtig zu fungiren. Außer der horizontalen Bewegung des Kammerstücks ist zum Laden die Aufrichtung desselben erforderlich. Die vordere Schloßschraube bildet das Pivot dieser Drehung, sie geht quer durch den Haken der Schwanzschraube und hat hier einen länglichen Durchlaß, um das horizontale Vor- und Zurückschieben der Kammer zu gestatten. Auf den Haken der Schwanzschraube drückt von Oben eine starke Feder, welche das Kammerstück unmittelbar aufrichtet, sobald es durch das Aufdrehen der Kuppelung frei wird. Diese Feder wird durch eine Kappe gedeckt und getragen.

Um die Solidität der Waffe in der Längenrichtung, besonders unter der Kuppelung, zu gewährleisten, wird hier eine eiserne Schiene, entweder in der Schafttrinne oder auf der anderen Seite des Schaftes in der Verlängerung des Bügelbleches, eingelegt. Der Lauf greift mit einem Ansatz oder Stollen in diese Schiene ein. Der überflüssig gewordene Ladestock wird mit seinem unteren Ende in das Stoßblech eingeschraubt, vermehrt also die Festigkeit der Waffe, während er zu besonderen Zwecken herausgeschraubt werden kann. Nach der ursprünglichen Idee mußten die Patronen geöffnet und ausgeschüttet werden.

Mit diesem Lindner'schen System hatte man bereits in Hannover Prüfungen vorgenommen, bei denen sich der Verschluß in Bezug auf Solidität und Dichtigkeit gut bewährt und selbst nach 3500 scharfen Schuß keine wesentlichen Mängel gezeigt hatte. Man brachte dabei Langblei und Spiegelführung zur Anwendung gewann dadurch größere bestrichene Räume und rühmte dabei die nachfolgenden Vorzüge: Reinschießen des Laufs, leichte Reinigung, des Gewehrs, schnelle und einfache Ladeweise, leichtes Entladen, die Möglichkeit, durch die Seele hindurchsehen und also stets deren Zustand in Bezug auf Rost u. s. w. untersuchen zu können.

Vor dem Zündnadelgewehr sollte der Verschluß nach den Versuchsergebnissen den Vorzug geringerer Zerbrechlichkeit, ganz besonders aber den des besseren Abschlusses der Pulvergase besitzen, da der Lindner'sche Verschluß sich vor dem Schusse befindet und die nach vorwärts gerichteten Gase schnell über die Verschlußflächen eilen, während die Pulvergase bei dem Zündnadelgewehr längere Zeit auf den hinter dem Schusse angebrachten Verschluß wirken und auf denselben einen starken Druck ausüben.

Bei den von der österreichischen Schießkommission mit nach dem ursprünglichen Lindner'schen Systeme umgeänderten Infanteriegewehren genügte dasselbe nicht, so daß Lindner mehrfache Aenderungen anbrachte. Mit den nach dieser zweiten Konstruktion in Hinterlader umgewandelten Infanteriegewehren fanden im Jahre 1865 Versuche Statt, bei denen Patronen zur Anwendung kamen, welche etwa 2½ Loth preußisch schwer waren und ein Geschoß von 1⅘ Loth Gewicht neben einer Ladung von 24 Zent enthielten. Die Patrone hatte unten einen Spiegel, der in seiner oberen Vertiefung einen Theil der Ladung aufnahm und außerdem in seiner Basis eine Höhlung hatte, welche dazu diente, um mittelst eines an dem Verschluß angebrachten Hakens die zurückgebliebene Patronenhülse nach jedem Schusse herauszuziehen. Dieser Spiegel hatte nur den Zweck, die Gase nach hinten abzuschließen, keineswegs aber den der Geschoßführung, diese mußte daher durch eine die Expansion vermittelnde Höhlung des Geschosses an seiner hinteren Fläche bewirkt werden.

Da bei diesem Systeme immer noch die gewöhnliche Perkussionszündung erforderlich, so entwarf Lindner eine dritte Konstruktion, welche im Jahre 1866 zur Umänderung von Infanteriegewehren benutzt wurde. Hierbei wurde die Einheitspatrone durch einen Zündstift in Gestalt eines krummen Zahnes zur Entzündung gebracht. Der aus gewickeltem Papier gebildete Spiegel nahm in seiner oberen Aushöhlung die 24 Zent betragende Pulverladung auf und umfaßte mit den Wänden des dadurch gebildeten Cylinders den unteren Theil des mit einer Aushöhlung versehenen und etwa $1^{7}/_{10}$ Loth preußisch schweren Geschosses. In dem Boden des Spiegels befand sich in einer Höhlung auf einem kupfernen Piston ein Zündhütchen, das durch den krummen Zahn zum Explodiren gebracht wurde und das Feuer mittelst einer durch den Spiegel gehenden Oeffnung der Pulverladung mittheilte. Die fertige Patrone hatte ein Gewicht von etwa $2^{1}/_{4}$ Loth preußisch.

Die für die dritte Konstruktion vorgenommenen Aenderungen nahmen dem Verschlusse die frühere Einfachheit und Solidität und erregten begründete Bedenken in Bezug auf die technische Ausführung, die Möglichkeit einer korrekten Munitionsanfertigung und die Gefahrlosigkeit des Ladens.

Diese Befürchtungen bestätigten sich zum Theil bei den in dem Zeitraume vom 9. Mai bis 6. Juni 1866 an 5 Versuchstagen mit 750 Schuß vorgenommenen Prüfungen. Denn bei denselben kamen mehrfach Versager vor, außerdem wurde eine verhältnißmäßig nicht unbedeutende Prozentzahl Patronenhülsen der Länge nach aufgerissen oder senkrecht zur Achse abgerissen, trotzdem Lindner selbst die Munition gefertigt hatte. Die im Patronenlager stecken gebliebenen Hülsen mußten wiederholt mittelst des Ladestockes entfernt werden, der krumme Zahn verschleimte stark, wodurch seine Bewegung beeinträchtigt und das Laden gefährlich wurde. Bei den zuletzt abgegebenen Schüssen explodirten drei Patronen, deren eine Lindner selbst an dem Ballen der rechten Hand und an der Backe unter dem Auge verletzte.

Die Ladefähigkeit der umgeänderten Gewehre mit Benutzung von Einheitspatronen wurde dahin ermittelt, daß aus ihnen 8 Schuß in der Minute verfeuert werden können, wenn die Patronen neben dem Scheibenstande handgerecht liegen und bei jedem Schusse auf die Scheibe angeschlagen wird.

Die Treffsicherheit der nach Lindners 3. Konstruktion transformirten Gewehre ließ viel zu wünschen übrig.

Trotz dieser mehrfachen Uebelstände sprach die Schießversuchs-Kommission in dem dem Kriegsministerium vorgelegten Berichte sich im Allgemeinen nicht ungünstig aus, bezeichnete aber den Verschluß hinsichtlich des krummen Zahns als mangelhaft und die Patrone als die erste Idee einer Konstruktion, welche durch sorgfältige, eingehende Versuche vielleicht zu einem zufriedenstellenden Resultate führen könnte.

Als die unglücklichen Gefechte der Nordarmee die Ueberlegenheit des Feuers der preußischen Infanterie in ein glänzendes Licht gestellt hatten, glaubten sowohl militairische Kreise als auch die öffentliche Meinung, die Möglichkeit eines ferneren Widerstandes nur in der wenigstens theilweisen Bewaffnung der Armee mit Hinterladern zu finden. Der Kaiser befahl daher die sofortige Umgestaltung von 40—50,000 Gewehren in Hinterlader. Man beabsichtigte, diese Transformation nach dem zuletzt versuchten und am meisten geprüften Systeme von Lindner vorzunehmen.

Die Ausführung dieses Planes scheiterte jedoch an der Unmöglichkeit, das zur Patronenfertigung erforderliche Papier in brauchbarer Qualität und die nothwendigen Zündhütchen in angemessener Güte zu beschaffen, da das Etablissement der einzigen in Oesterreich bestehenden, in letztgenanntem Artikel bewährten, Firma Sellier und Bellot sich in dem preußischer Seits besetzten Prag befand.

Um aber den Kaiserlichen Befehlen in Bezug auf die Beschaffung von Hinterladungsgewehren mit Aufbietung aller Kräfte nachzukommen, wurde die Annahme des zu jener Zeit zur Vorlage gebrachten Remington Systems beschlossen.

Dieses System war damals durch Schießversuche nur wenig erprobt, schien aber das einzige zu sein, welches die schleunige

Einführung von Hinterladern ermöglichte und gewährte nach gründlicher theoretischer Prüfung die Ueberzeugung, daß etwa eintretende Inkonvenienzen sich leicht würden heben lassen.

Inzwischen wurde eine Kommission unter Vorsitz des Feldzeugmeister Ritter v. Hauslab angeordnet mit dem Auftrage, festzustellen, welche Entschädigung an Lindner für die Dauer seines Aufenthaltes in Wien zu geben sei, ob das System in der bestehenden Form zur Umgestaltung der vorhandenen Gewehre geeignet sei und welche Summe bejahenden Falles Lindner für die Ueberlassung seines Patentes angeboten werden könne.

Diese Kommission erklärte die Patronen in der bestehenden Form als unbrauchbar, die Erwerbung des Verschlusses aber in der Hoffnung wünschenswerth, daß es durch vorzunehmende Verbesserungen gelingen würde, denselben brauchbar umzugestalten. Als Entschädigung und zur Erwerbung des Patentes bezeichnete die Kommission den zehnten Theil derjenigen Summe, welche Lindner beansprucht hatte; darüber hinauszugehen wäre nach dem einstimmigen Urtheile der Kommission, die zur Wahrung der Interessen Lindners auch einige renommirte Gewehrfabrikanten sich beigesellt hatte, unter keinen Umständen angemessen und geboten.

Als Anhalt für die Umgestaltung der Infanteriegewehre nach dem System Remington lag ein Exemplar des Verschlußmechanismus bei einem Karabiner kleineren Kalibers vor. Das Artillerie-Komité hatte daher die Aufgabe, die günstigen Konstruktionsverhältnisse des Karabiners und der hierzu gehörigen Patronen auf das größere österreichische Kaliber mit Berücksichtigung der vorhandenen nicht vollkommen tadellosen Läufe zu übertragen. Die in dieser Absicht ausgeführten Versuche ergaben ein günstiges Resultat. Die größten Schwierigkeiten bot die Fertigung der metallenen Patronenhülsen, so wie die Füllung derselben mit dem Zündsatz, doch wurde bei dem Vorhandensein geeigneten Materials der Fabrikationsmodus in den Maschinenfabriken bald gefunden, so daß die erzeugten Patronenhülsen bei den angestellten Proben vollkommen den an sie zu stellenden Anforderungen entsprachen. Das verwendete Metall bestand wie bei den zum Remington Karabiner gehörigen Patronen aus einer Legirung von Kupfer und Zink.

Nach der Unterzeichnung des Waffenstillstandes und bei der darauf folgenden sicheren Hoffnung auf Wiederherstellung des Friedens, erschien eine große Beschleunigung der Beschaffung von Hinterladungsgewehren nicht mehr geboten, man beschloß daher, die für friedliche Verhältnisse gültige Norm der umfassenden Erprobung neu einzuführender Konstruktionen in Anwendung zu bringen und ordnete demnach nur die Umwandlung von 5000 Gewehren nach dem System Remington an.

Schon bei der ursprünglichen Bestimmung des Materials zur Fertigung der Patronenhülsen aus einer Metallegirung wurde die Befürchtung geltend gemacht, daß der Zündsatz in Folge galvanischer Einflüsse in denselben während langdauernder Aufbewahrung zerstört werden könnte, jedoch legte man hierauf damals keinen Werth, da die fertigen Patronen zur sofortigen Verwendung designirt waren. Nach dem Eintritt friedlicher Verhältnisse mußte aber dieser Punkt einer speziellen Erörterung unterzogen werden.

Der benutzte Zündsatz enthält Knallquecksilber. Wenn daher das Metall der Patronenhülsen aus einer Legirung von Zink besteht, so wird dieses Metall als das positivste in der elektrischen Spannungsreihe auf das Quecksilber jedenfalls einen größeren Einfluß ausüben, als dieses der Fall sein würde, wenn die Hülse aus reinem Kupfer bestände, welches in der elektrischen Spannungsreihe wenig vom Quecksilber verschieden ist.

Für die Erhaltung des Zündsatzes in Berührung mit Kupfer liegen die vierzigjährigen Erfahrungen mit den Kupferhütchen vor, man beschloß daher die Prüfung von Patronenhülsen aus reinem Kupfer vorzunehmen.

Bei der Fabrikation dieser Hülsen wurde der Umstand, daß das Kupfer durch geringere oder stärkere Erhitzung in seinen physikalischen Eigenschaften Veränderungen erleidet, nicht genügend berücksichtigt und die Folge davon war, daß bei den Versuchen mit Patronenhülsen von Kupfer nicht unbedeutende Prozentzahlen derselben aufrissen und die Pulvergase durch die Fugen des Verschlusses entwichen.

In einem solchen Falle entströmte auf der Schießstätte des K. K. Arsenals am 23. August 1866 aus einem Gewehre eine größere Quantität Gas, drang in das Backenstück des Verschlusses ein und erzeugte einen längeren Riß in demjenigen Theile des hölzernen Schaftes, in welchem die Schlagfeder des Verschlusses eingelassen ist, ohne jedoch den Schützen, der aus freier Hand schoß, irgend wie zu verletzen.

Diese ersten ungünstigen Versuche sind von Verbesserungen gefolgt gewesen, die ein in jeder Beziehung zufriedenstellendes Resultat ergeben haben sollen.

In Bezug auf Treffwahrscheinlichkeit übertrifft das nach Remington umgestaltete österreichische Infanteriegewehr das Lindnersche nicht unbedeutend, da z. B. mit Ersterem auf 600 Schritt in eine 2 Fuß breite und 6 Fuß hohe Scheibe 78 Prozent Treffer erzielt wurden, während das Lindnersche Gewehr für dieselbe Entfernung und gegen dieselbe Scheibe nur 42 Prozent geliefert hat.

Auch in Bezug auf die Feuerschnelligkeit ist das System Remington dem Lindnerschen überlegen, da unter gleichen Umständen mit Ersterem 16, mit Letzterem nur 8 Schuß in der Minute verfeuert werden können.

Eine definitive Entscheidung der unter dem Vorsitz des Erzherzog Wilhelm stehenden Kommission, welche die Angelegenheit zum Schlusse bringen soll, war zu Ende Oktober noch nicht getroffen. Doch hatte dieselbe vorläufig beschlossen, auf das Zündnadelsystem mit Papierpatronen nicht einzugehen, ebenso das Hinterladungsgewehr von Lindner, welches vor einigen Jahren vielleicht geeignet gewesen wäre, nicht zu berücksichtigen, dagegen das System Remington mit einigen daran vorgenommenen Veränderungen zu acceptiren. Die Entscheidung wäre vielleicht schon getroffen worden, wenn nicht Peabody aus Boston in Massachusetts der Regierung in letzter Zeit sein Modell eines Hinterladungsgewehrs angeboten und die Kommission damit Proben vorgenommen hätte. Dies Modell ist zwar eben so wie das Remingtonsche auf eine Metallpatrone basirt, kann aber durch eine nicht bedeutende Veränderung auch zur Verwendung einer Papierpatrone eingerichtet werden. Wie es scheint, hat dieser Umstand wegen seiner finanziellen Bedeutung dem Modell von Peabody Freunde erworben, denn da der Verbrauch von Patronen in einem Kriege in die Millionen geht, so ist die Frage ob metallne oder papierne Patrone in ökonomischer Beziehung beachtenswerth, abgesehen davon, daß man Papierpatronen überall leicht anfertigen kann, während die Fabrikation der Metallhülsen nur durch Maschinen zu bewirken ist.

In Bayern herrscht gleichfalls in der Gewehrfrage eine emsige Thätigkeit, wie aus den beiden nachfolgenden Korrespondenzen ersichtlich.

Die Darmstädter Allgemeine Militair-Zeitung vom 29. September 1866 enthält eine Korrespondenz aus München vom 10. September, in welcher es heißt: An der Umwandlung der Podewils-Gewehre in Hinterlader wird eifrig gearbeitet; die neuen Gewehre sind gegen früher kaum merklich schwerer. Es ist hierbei Vorsorge getroffen worden, daß sich dieselben — auch bei irgend einem Versehen — nicht eher entladen können, als der Verschluß des Gewehres vollständig bewirkt worden ist. An der Tragefähigkeit und den sonstigen Vorzügen des Podewilsgewehres wird durch dessen Umwandlung Nichts geändert.

Die Hirtenfeldsche Militair-Zeitung vom 3. November 1866 bringt in einer Korrespondenz aus München vom 28. Oktober folgende Nachrichten: Zur Zeit steht die Annahme zweier Hinterladungsgewehre in Frage, das eine nach Podewils'schem, das andere nach Braunmühl'schem Vorschlage. Der letztgenannte Proponent ist Hauptmann in einem Jägerbataillon. Beide Projekte stimmen im Prinzipe mit einander überein und weichen nur in einigen Nebenpunkten von einander ab. Gegenwärtig ist die Schießkommission noch mit Prüfung des Braunmühl'schen Hinterladungsgewehres beschäftigt, wird aber binnen wenig Tagen schon ihre Thätigkeit in dieser Richtung beendigen. Bisher ist eine Entscheidung in Bezug auf den einen oder anderen Vorschlag noch nicht getroffen, daher von dem Kriegsministerium auch noch keine Anordnung für die Annahme des einen oder anderen geschehen.

In der Schweiz ist die Aufmerksamkeit seit mehreren Jahren auf die Vorzüge der Hinterladungsgewehre gerichtet gewesen und wenn man dieselben auch keineswegs verkannt hat, so accentuirte man doch andererseits wiederholt die Meinung, daß es einem Milizheere nicht zuzumuthen sei, eine Waffe zu führen, deren Fähigkeit des schnellen Feuers zu kolossaler Munitionsverschwendung Veranlassung geben müsse. In Folge dieser Ansicht und der Ergebnisse der umfassenden Versuche der Jahre 1861 und 1862 nahm man im Jahre 1863 ein neues Modell eines Infanteriegewehrs mit dem Kaliber von 10½ Millimeter an, welches für die Ladung von der Mündung eingerichtet war. Trotzdem traten auch seit dieser Zeit mehrfach Stimmen auf, die für die Annahme von Hinterladungsgewehren plaidirten.

Erwähnt möge werden, daß nach dem Bericht über die Geschäftsführung des eidgenössischen Militair-Departements im Jahre 1863 im Laufe dieses Jahres auch Versuche mit verschiedenen Mustern von Kavallerie-Pistolen angestellt wurden, bei denen sich eine Hinterladungsdoppelpistole des Büchsenmachers Lebeda zu Prag als die geeignetste gezogene Waffe für Berittene erwies.

Nach der Bewährung des preußischen Zündnadelgewehrs in den Elbherzogthümern wurde die Zahl der Freunde der Hinterladungswaffe vermehrt, so daß der Oberstlieutenant Franz v. Erlach gelegentlich des in den Tagen vom 20. bis 22. August 1864 zu Freiburg abgehaltenen eidgenössischen Offizierfestes einen Aufsatz verlas, der die Umwandlung der Schweizergewehre nach dem System der Lindnerschen Hinterladung befürwortete und den Antrag stellte, daß die Bundesbehörden gebeten werden möchten, Versuche in dieser Richtung anzuordnen. Er betonte dabei, daß das Lindnersche System die Benutzung der bisherigen Gewehrtheile, wie Lauf, Schaft, Schloß und Patrone gestatte und man daher mittelst seiner sich die Vortheile der Hinterladung auf die mindest kostspieligste Weise verschaffen könne.

In Folge dieses Antrages wurden Seitens der Bundesbehörden Versuche über die Anwendbarkeit des Lindnerschen Hinterladungsgewehres angeordnet, deren Ergebniß dahin ging, daß das System trotz mannigfacher Vorzüge schon aus dem Grunde nicht genüge, weil es keine Einheitspatrone benutze und daher nur ein Uebergangsstadium von der Vorderladung mit Perkussionszündung zu der Hinterladung mit Einheitspatrone bilde.

Obgleich nunmehr die Frage der Hinterladung mehrfach neu angeregt wurde, so trat man ihr doch erst nach den Erfolgen des Zündnadelgewehres in Böhmen und am Main mit Entschiedenheit näher.

Der Bundesrath entwarf ein Dekret in Betreff der Einführung von Hinterladern in die eidgenössische Armee und legte dasselbe mit einem begleitenden Berichte dem Ständerathe zur Annahme vor. In diesem Berichte wurde unter Hinweis auf die in dieser Angelegenheit bereits geschehenen Schritte erklärt, daß noch keines der als Modelle vorliegenden Hinterladungsgewehre, von denen die Konstruktionen von Joslyn, Peabody, Milbank und Hügel als die besten bezeichnet werden könnten, zur Einführung zu empfehlen sei. Der Bericht fuhr dann fort:

„Das Zündnadelgewehr, dem die Preußen zum großen Theile ihre Siege verdanken, so sehr es auch seit dem Jahre 1848 verbessert sein mag, ist seither durch die amerikanischen Systeme weit überflügelt worden und wir werden daher wahrscheinlich das in hohem Grade vollkommene Gewehr des Oberstlieutenants Hügel nicht empfehlen können, da die Gewehre mit Lefaucheux-Munition Vorzüge besitzen, welche dem Zündnadelgewehre abgehen. Hierzu kommt noch, daß nach unserer Ansicht einem Repetirgewehr der Vorzug vor einem einfachen Hinterlader zu geben ist, denn das Repetirgewehr besitzt den Vorzug, der das Hinterladungsgewehr charakterisirt, in einem viel höheren Grade, als das einfache Zündnadelgewehr. Da nun mit dem System der Zündnadelgewehre das Revolversystem bis jetzt unseres Wissens nicht vereinigt worden ist, so werden wir schon aus diesem Grunde von Zündnadelgewehren absehen müssen. Von den Repetirgewehren ist eins der vorzüglichsten, das unseren Experten zu Gesicht gekommen, das Henry'sche. Aber auch dieses hat Nachtheile, die den Erfinder veranlaßt haben, Abänderungen an dem Gewehre vorzunehmen, so daß er Bestellungen erst im nächsten Frühjahr genügen zu können erklärt. Zudem ist in neuester Zeit ein verbessertes Repetirgewehr vorgelegt worden, das alle Beachtung verdient. Angesichts dieser Verhältnisse sehen wir uns in die absolute Nothwendigkeit versetzt, gegenwärtig von einem bestimmten Vorschlage für das Modell des zukünftigen Hinterladungsgewehres absehen zu müssen."

Daß zum Hinterladungssysteme übergegangen werden müsse, hält der Bundesrath unumgänglich nothwendig, ebenso wie, daß das seitherige mittelst Bundesbeschlusses eingeführte Kaliber nebst den Bestimmungen, welche durch die beabsichtigte Systemsveränderung nicht berührt werden, beibehalten werden müssen. Der Bericht sagte dann weiter:

„Dagegen halten wir dafür, daß die Frage, welche neue Ordonnanz für alle Zukunft festzustellen sei, dennoch mit Ruhe und Umsicht erwogen werden müsse und daß es nicht gut gethan wäre, aus Rücksichten des Moments eine Reform zu treffen, welche vor einer späteren nüchternen Anschauung wiederum nicht Stich hielte und dadurch die Eidgenossenschaft in neue große Kosten hineinführen würde. Wir bemerken indeß, daß die Arbeiten der Kommission in einer Weise fortgeschritten sind, um in kurzer Zeit die Wahl eines Modells treffen zu können. Bei der Wichtigkeit der Sache glauben wir, es sei die neue Ordonnanz von der Bundesversammlung selbst festzustellen, wobei namentlich auch die Frage, ob ein einfaches oder Repetirgewehr zu entscheiden sein wird. Wir halten den Gegenstand für so wichtig, daß wir nöthigenfalls die Bundesversammlung zu einer solchen Schlußnahme außerordentlich versammeln würden. Sollte die hohe Bundesversammlung dem Bundesrath indeß Vollmacht ertheilen wollen, so ist er natürlich bereit, auf Grund der Expertenvorschläge die neue Ordonnanz von sich aus festzustellen. Um jedoch diese für alle Zukunft wichtige Frage mit völliger Ruhe behandeln zu können und dessenungeachtet Vorsichtsmaßregeln für eine etwaige Bedrohung der Schweiz nicht zu versäumen, scheint es dem Bundesrath das Zweckmäßigste, ihn zu ermächtigen und zu beauftragen, mit möglichster Beförderung einen Ankauf von Hinterladungsgewehren bewerkstelligen zu lassen. Dieser Ankauf könnte wohl nur in Nordamerika stattfinden, und wir würden uns natürlich bestreben, durch Verwendung tüchtiger Waffenkenner uns guter Gewehre zu versichern. Allerdings könnte für diesen ausnahmsweisen Ankauf die angenommene Kalibereinheit nicht berücksichtigt werden, indeß sehen wir für den Zweck, den wir im Auge haben, in einer momentanen Kaliberverschiedenheit kein Hinderniß von großer Bedeutung. Selbstverständlich müßten wir uns gleichzeitig auch einen Theil der dazu gehörigen Munition eben da verschaffen, wobei Sorge getragen würde, letztere in Zukunft im Lande selbst anfertigen zu können. Ueber die Zahl der auf solche Weise anzukaufenden Gewehre können die Ansichten wohl auseinandergehen und es wird auch von der Entwickelung der Kriegsereignisse abhängen, ob der Bundesrath einen umfassenden Gebrauch von einer solchen Vollmacht machen wird. Um für alle Fälle vorzusehen, schlägt der Bundesrath vor, ihm die Ermächtigung zum Ankauf bis auf 30,000 Gewehre nebst zugehörender Munition zu geben und zu diesem Behufe einen Spezialkredit bis 3½ Millionen Franken anzuweisen."

Diese Anträge des Bundesrathes kamen in der Sitzung des Ständerathes am 18. Juli 1866 zur Diskussion. Die Einführung von Hinterladungsgewehren überhaupt stieß auf keine Opposition, dagegen fand nach lebhafter Verhandlung der in Amerika beabsichtigte Ankauf von Gewehren keinen Beifall, so daß die Eröffnung des beantragten Kredits nicht genehmigt wurde. In Folge hiervon lautete der vom Ständerath mit großer Majorität angenommene Gesetzentwurf wörtlich wie folgt:

1) Die sämmtliche gewehrtragende Mannschaft des Bundesheeres (Auszug und Reserve) ist mit Hinterladungsgewehren zu versehen. Das mit Bundesbeschluß vom 28. Januar 1863 festgesetzte Kaliber wird beibehalten.

2) Die vorhandenen oder in der Fabrikation begriffenen Gewehre und Stutzen kleinen Kalibers sind in Hinterladungsgewehre umzuändern. Der Bundesrath ist ermächtigt, das System der Umänderung festzustellen und sofort auf Bundeskosten zur Ausführung zu schreiten. Es wird ihm zu diesem Zwecke der nöthige Kredit bewilligt.

3) Ueber die Ordonnanz und die Einführung der neuen Hinterladungsgewehre, welche neben den umgeänderten Gewehren noch

nothwendig sind, hat der Bundesrath der Bundesversammlung beförderlichst Bericht und Antrag zu hinterbringen und dieselbe zu diesem Behufe nöthigenfalls außerordentlich einzuberufen. Der Bundesrath erhält den Auftrag, jetzt schon die zur raschen Vollziehung des daherigen Beschlusses erforderlichen Vorbereitungen zu treffen. Für die diesfalls erforderlichen Ausgaben erhält er den nöthigen Kredit.

4) Bis die Einführung der neuen Hinterladungsgewehre von der Bundesversammlung beschlossen ist, wird die weitere Anfertigung der jetzigen Infanteriegewehre fortgesetzt.

5) Der Bundesrath wird mit der Vollziehung dieses Beschlusses beauftragt.

Im weiteren Verfolg dieser Angelegenheit fanden im September und Oktober 1866 zu Aarau Versuche statt, die, wie der Darmstädter Allgemeinen Militair-Zeitung unter dem 18. Oktober aus der Schweiz geschrieben wurde, aus mehr als einem Grunde als die bedeutendste Konkurrenz bezeichnet werden müssen, welche neuerdings für die Erzeugnisse der modernen Waffentechnik eröffnet wurde. Einerseits kann behauptet werden, daß von allen neuen und neuesten Modellen, welche für die Kriegspraxis von wirklicher Bedeutung sind, auch nicht ein einziges bei diesen Schießversuchen gefehlt hat. Alle Systeme von reellem Kriegswerthe waren bei diesen Vergleichsversuchen vertreten und meist durch Exemplare, welche die letzte und höchste Entwickelung des betreffenden Systems repräsentiren. So hatten die Newhaven Arms Company und die Providence Tool Company, sowie mehrere andere amerikanische große Waffenfabriken ihre besten Erzeugnisse durch Spezial-Agenten vorlegen lassen; auch das Haus Cahen Lyon in Paris, welches mit dem Vertriebe der Chassepotgewehre beauftragt ist, hatte durch seinen Agenten Lagut schon am 5. September der eidgenössischen Schießkommission eine solche Waffe präsentirt. Von den sonstigen wichtigen Modellen, welche aus den verschiedensten europäischen und amerikanischen Fabriken und speziell auch aus der Schweiz zur Vorlage kamen, mögen erwähnt werden: das nach Sniders System zur Hinterladung umgeänderte Enfieldgewehr, sowie die Modelle von Peabody, Chabot, Joslyn, Remington, Spencer,

Milbank, Lindner, Dörsch und Baumgarten, Keller, Martini, Amsler und Vetterli. Einen ganz besonderen Werth erhielten die Aarauer Versuche aber durch die ebenso exakte als unpartheiische und technisch zweckmäßige und wissenschaftlich korrekte Prüfung und Aufnahme der Resultate. Unter der kundigen Leitung des eidgenössischen Artillerie-Inspektors Oberst Hans Herzog, dem so ausgezeichnete Kräfte wie die Obersten Wurstenberger, Welti, Siegfried und Merian zur Seite standen, wurde die Thätigkeit der Schießkommission in einer dem bewährten Rufe der schweizerischen Waffentechnik entsprechenden Weise zu Ende geführt.

Die Ueberzeugung von der hohen Wichtigkeit der Aarauer Versuche hatte mehrere Regierungen veranlaßt, sich bei denselben durch Offiziere vertreten zu lassen, so daß in gewissem Sinne eine internationale Konferenz von Offizieren und Technikern mit den Versuchen der Kommission verbunden war.

In Folge der Ergebnisse der umfangreichen Versuche hat die Schießkommission bei den Bundesbehörden beantragt, daß, um dem momentanen Bedürfnisse zu genügen, 8000 Repetitionsgewehre von Henry Winchester zur Bewaffnung der Scharfschützen angeschafft werden, daß ferner ein neues Modell eines Repetitionsgewehres von Jakob Amsler in Schaffhausen angenommen werde und daß die Umwandlung der Infanteriegewehre des Modelles von 1863 zur Hinterladung und für Kupferpatronen nach dem von Amsler modifizirten Systeme Milbank unverzüglich zur Ausführung gelange. Sowohl für die Henry-Winchester-Waffe, als für die Amslersche und die transformirten Gewehre soll eine Kupferpatrone zur Anwendung kommen, die bei einer Gesammtschwere von $1^{3}/_{4}$ Loth preußisch $1^{1}/_{3}$ Loth Blei mit 24 Zent Pulver feuert, so daß also das Gewicht der Kupferhülse etwas über $^{1}/_{3}$ Loth beträgt. Von diesen Patronen gehen nur 13 in das Magazin des Henry-Winchester-Gewehrs, welches, wie das für die Schweiz bestellte, ein Kaliber von $10^{3}/_{4}$ Millimeter hat, während in das Magazin des bei den Versuchen benutzten Gewehrs 14 Patronen gingen. Der große Vortheil des Henry-Winchester-Repetitionsgewehres besteht, wie bereits früher angeführt, darin, daß es die Ladung von Patrone nach Patrone gestattet, während der Magazininhalt als eine besondere Reserve für kritische Gefechtsmomente bereit gehalten werden kann, um dann die höchste Steigerung in der Schnelligkeit des Feuers eintreten zu lassen.

Das mit einer Patrone im Laufe und 14 Patronen im Magazin geladene Henry-Winchester-Gewehr wog bei den Aarauer Versuchen ziemlich genau 10 Zollpfund, wobei freilich zu bemerken, daß die Schwere der 15 Patronen mit $28^{1}/_{3}$ Loth preußisch nicht füglich direkt auf die Waffe gerechnet werden kann, da sie einen Theil des Gewichtes der Taschenmunition bildet.

Die Leistungen des Winchester-Gewehres waren bei den Aarauer Versuchen in hohem Grade befriedigend.

Die Culminationspunkte der Bahnen für die Entfernungen von 400 und 800 Schritt ergaben sich zu 45,4 Zoll resp. 17,9 Fuß über der Visirlinie für das Winchester-Gewehr, während sie bei den Bahnen des Zündnadelgewehrs sich um 57,35 Zoll resp. 20,9 Fuß über die Visirlinie erheben. Hiermit zusammenhängend lieferten die Bahnen des Winchester-Geschosses für 400 Schritt gegen Infanterie einen bestrichenen Raum von 144,2 Schritt und gegen Kavallerie einen solchen von 458,6 Schritt (beim Zündnadelgewehr ist derselbe 114,6 Schritt resp. 448,9 Schritt), während sich die gleichen Räume für die Bahn von 800 Schritt zu 54,7 und 83,5 Schritt herausstellten (beim Zündnadelgewehr 48,6 resp. 74 Schritt).

In Bezug auf die Schußpräzision möge angeführt werden, daß man

auf 300 Schritt	von	30 Schuß	30 Treffer	⎫ gegen eine Scheibe
= 400 =	=	30 =	30 =	⎬ von 5,74 Fuß Höhe
= 600 =	=	61 =	61 =	⎭ und Breite.
= 800 =	=	40 =	38 =	⎫ gegen eine Scheibe
				⎬ von 9,56 Fuß Höhe
= 1000 =	=	40 =	31 =	⎭ und Breite.

erhielt und daß die Hälfte der Treffer sich in einem Kreise befand, dessen Radius

für 300 Schritt 4,58 Zoll
= 400   =   6,88 =
= 600   = 12,79 =
= 1000   = 27,52 =   betrug.

Bei Ermittelung der Feuergeschwindigkeit geschahen gegen eine Scheibe von 5,74 Fuß Höhe und Breite bei dem Laden von Patrone nach Patrone in 4 Minuten 41 Schüsse, von denen 40 trafen, beim Ausschießen des vorher gefüllten Magazins einmal in 45 Sekunden 15 Schuß, von denen 13 Treffer, das andere Mal in 41 Sekunden 15 Schuß, von denen 15 Treffer.

Die Manipulation des Ladens und Abfeuerns zeigte sich als ungemein einfach und erforderte durchaus keine lange Einübung. Der Verschluß fungirte vollständig tadellos und selbst beim Verfeuern von 20 angefeilten und beim Schusse daher zerreißenden Patronen trat keine Beschädigung oder Stockung des Mechanismus ein.

In den Niederlanden wurden Ende Oktober durch die Normal-Schießschule im Haag unter Leitung des Direktors derselben, Oberst Weitzel, mit vier Exemplaren des Chassepotgewehres ausgedehnte Versuche angestellt.

In Dänemark sollte die in dem Proviantgebäude der Orlogsmarine neu eingerichtete Gewehrfabrik Mitte Oktober in Thätigkeit treten, um zunächst für Rechnung des Kriegsministeriums 12,000 der vorhandenen Gewehre zur Hinterladung umzuwandeln.

In Schweden sind vor längerer Zeit Versuche mit Hinterladungsgewehren nach Lindners System im Gange gewesen, da aber ein von Hagström konstruirtes Zündnadelgewehr auf der Industrie-Ausstellung zu Stockholm mit dem ersten Preise gekrönt wurde und auch bei den Schießversuchen zu Drottningholm günstige Resultate lieferte, so hat die Regierung diese Erfindung für 10,000 Thaler käuflich erworben und beabsichtigt, die Infanterie mit derartigen Gewehren zu bewaffnen.

In Rußland hat sich, einer Notiz in der Hirtenfeldschen Militairzeitung zufolge, die betreffende Kommission zu Gunsten des Peabody-Gewehrs mit einer unbedeutenden, von einem russischen Büchsenmacher angegebenen Veränderung entschieden und sollen in Folge hiervon 200,000 dieser Gewehre in Amerika bei der Providence Tool Company in Bestellung gegeben worden sein.

Nach anderen in den Zeitungen zu Ende November enthaltenen Nachrichten hat das russische Kriegsministerium eine Konkurrenz zur Umwandlung von 162,000 Gewehren in Hinterladern ausgeschrieben und soll die Transformation in den größeren Städten des Reiches vorgenommen werden.

Die für die transformirten Waffen bestimmte Patrone wird, anderweitigen Notizen zufolge, mit Kupferhülse etwa $2^3/_8$ Loth preußisch, mit Papierhülse etwa $2^1/_3$ Loth wiegen.

In den Vereinigten Staaten Nordamerika's hat die Waffenfabrikation während des langjährigen Bürgerkrieges einen Aufschwung genommen, wie er nur bei einer wesentlich industriellen Bevölkerung, wie der der nördlichen Staaten, möglich ist. Neben Monstregeschützen aller Arten und neben eisengepanzerten Schiffen jeder Größe hat die Kriegsepoche auch eine Menge von Handfeuerwaffen der verschiedensten Systeme entstehen sehen, die zum Theil darauf berechnet waren, von den ungeübtesten und ungeschicktesten Mannschaften ohne eigene Gefahr und doch mit dem verderblichsten Effekt für den Gegner gebraucht zu werden.

Man suchte das Gewehrfeuer auf alle mögliche Weise zu steigern, sowohl durch Aneinanderreihung von mehreren Läufen, als auch durch Benutzung von Hinterladungsgewehren. In ersterer Beziehung sind die Requa-Batterien zu nennen, von denen sich in dem Werke des Generalmajors O. A. Gillmore: Engineer and Artillery Operations against the Defences of Charleston Harbor in 1863 (New-York 1865) eine genauere Beschreibung findet.

Nach derselben besteht eine Requa-Batterie aus einem System gezogener Gewehrläufe, die auf einer Art von Laffetengestell ruhen und gleichzeitig abgefeuert werden können. Ihr Zweck ist die Beschleunigung und Vervielfältigung des Infanteriefeuers aus gezogenen Gewehren und scheint prinzipiell ein Surrogat für ein leichtes Feldgeschütz, dem Kartätschen und Shrapnels fehlen, sein zu sollen, dem gegenüber es eine größere Präzision und mehr Wahrscheinlichkeit eines günstigen Erfolges besitzt.

Eine solche Requa=Batterie besteht aus 25 gezogenen Gewehrläufen, welche mittelst eines eisernen Rahmens in horizontaler Ebene neben einander gelagert sind. Der Rahmen ruht auf einem leichten Fahrzeuge und hat hinter den Läufen eine Vorrichtung, mittelst welcher dieselben geladen werden können.

Eine anderweitige hebelartige Vorrichtung gestattet, die Läufe zu divergiren, so daß man den Geschossen auf der Entfernung von 1200 Schritt etwa 144 Schritt Streuung zu verleihen vermag.

Das Gewicht einer vollständigen Requa=Batterie beträgt 1280 Pfund preußisch; sie kann bei der Bedienung durch drei Mann in der Minute 7 Lagen oder 175 Geschosse feuern und erzielt bei 9 Grad Elevation eine Schußweite von etwa 1400 Schritt.

Bei der Belagerung des Fort Wagner bei Charleston im Jahre 1863 wurden 4 Emplacements für Requa=Batterien in der ersten Parallele, 5 in der zweiten, 2 in der dritten, 5 in der vierten, 2 in der fünften und 1 vor der letzteren, in Summa 19 Emplacements errichtet und längere oder kürzere Zeit benutzt. Die Batterien standen auf Bettungen, über welche sich die Achse der Läufe um 30 Zoll erhob.

Wiederholt wurden diese Batterien gegen feindliche Schützen und Arbeiter und, dem Anscheine nach, mit gutem Erfolge verwendet, so nahmen z. B. die in der vierten Parallele placirten am Abende des 25. August thätigen Antheil an einem lebhaften Schützengefecht.

Nach dem Urtheil des Major Brooks, der die Ingenieurarbeiten vor Charleston leitete, sind die Requa=Batterien zur Vertheidigung von Erdwerken wohl geeignet. In Folge der Hinterladung und der leichten Handhabung werden die Bedienungsmannschaften nur wenig dem feindlichen Feuer ausgesetzt; sie haben nur einen geringen Rücklauf und erfordern nur je 3 Mann zu ihrer Bedienung. Als ein besonderer Vortheil muß hervorgehoben werden, daß der Streuungswinkel der Geschosse je nach der

Breitenausdehnung des Zieles verändert werden kann, so daß sie in dieser Beziehung einen nicht unerheblichen Vorzug vor den Kartätschen und Shrapnels der Artillerie besitzen.

Von Hinterladungsgewehren kamen in den letzten Jahren des Bürgerkrieges verschiedene Systeme zur Anwendung, die sich mehr oder weniger bewährten und im Allgemeinen zu der Ueberzeugung führten, daß ein gutes Hinterladungsgewehr auch dem besten Vorderlader überlegen ist.

So leisteten z. B. die Spencer repeating guns, welche bereits im Jahre 1862 vorgelegt worden waren, in den letzten Schlachten des Krieges mehrfach gute Dienste. Sie haben sich aber, wie die meisten Magazingewehre, für den allgemeinen Gebrauch zu komplizirt erwiesen und können nach amerikanischer Ansicht höchstens den Händen von Veteranen anvertraut werden.

Reine Magazingewehre scheinen überhaupt für andauerndes Feuer nicht so wirksam benutzt werden zu können, als einfache Gewehre guter Konstruktion, denn sie sind naturgemäß komplizirter und daher leichter Reparaturen ausgesetzt; bei ihnen ist außerdem die Gefahr von Selbstentzündungen größer, und schließlich ist die Zeit, welche zum Wiederfüllen des Magazins erforderlich, oft von großem Werthe, zuweilen von so großem, daß ihr Verlust von bedenklichen Resultaten gefolgt sein kann. Bei Magazingewehren, welche gleichzeitig das Laden Schuß für Schuß gestatten, wie das von Henry angegebene und von Winchester verbesserte, sind die eben erwähnten Einwürfe selbstverständlich in geringerem Grade zu erheben.

Um ein wirksames Hinterladungsgewehr für die Armee zu erlangen, setzte die Regierung der Vereinigten Staaten ein gleichmäßiges Kaliber für Gewehre und Büchsen fest und adoptirte eine Patrone, welcher die Einflüsse des Wetters und selbst eine Eintauchung in Wasser nicht schädlich werden können. Das Pulver und das explosive Präparat befinden sich bei dieser Patrone in einer Metallhülse, die gleichzeitig den unteren Theil des Geschosses umfaßt und festhält. Das Knallpräparat ist von dem Pulver abgesondert, lagert in einem vorstehenden Rande an der Basis der Metallhülse und wird durch einen Schlag zur Explosion gebracht. Man hat folglich eine Einheitspatrone, deren vollständig ungefährlichen Transport man rühmt.

Oberst Benton, der früher Direktor des Arsenals zu Washington war und gegenwärtig die Waffenfabrik der Vereinigten Staaten zu Springfield in Massachusetts dirigirt, schrieb in einem Briefe vom 25. Juli 1866: „Obgleich ich viele Millionen Metallpatronen habe fertigen und versenden lassen, so ist mir doch kein Fall bekannt, daß eine derselben bei der Handhabung oder beim Transport explodirt sei. Von vielen hunderttausend Metallpatronen, die von den Truppen zurückgeliefert wurden, waren äußerst wenige beschädigt, während große Mengen der zur Ablieferung gelangenden Papierpatronen zerbrochen oder durch Feuchtigkeit beschädigt waren."

Ueber den den Metallpatronen zu machenden Haupteinwurf, den der Kostspieligkeit, äußert sich der General Dyer, Chef der Ordnance in einem Schreiben vom 31. Juli 1866. „Mir fehlen zum Vergleiche der Kosten der Metall- und Papierpatronen genaue Angaben, aber es scheint, daß während die ursprünglichen Kosten der Metallpatronen größer sind, als die der Papierpatronen, der geringe Abgang an Metallpatronen dem an Papierpatronen gegenüber, die Differenz der Kosten reichlich ausgleicht."

Als die Ueberlegenheit der Hinterladungs- über die Vorderladungs-Gewehre hinlänglich erkannt war, ernannte der Kriegssekretair im Januar 1865 eine Kommission von Offizieren zu dem Zwecke, ein geeignetes Hinterladungssystem für Gewehre und Karabiner zu ermitteln.

Diese Kommission bestand aus:

Major T. T. S. Laibley vom Ordnance Department,
- J. G. Benton - - -
- Henry Mahnadier vom 12. Infanterie-Regiment,
Kapitain O. Connell - 14. - -
- J. H. Kellogg - 1. Kavallerie-Regiment,
- T. F. Rodenbough - 2. - -
Premier-Lieutenant Edie - Ordnance Department,

versammelte sich in der Waffenfabrik zu Springfield und war mehrere Monate mit der ihr gestellten Aufgabe eifrig beschäftigt.

Zur Prüfung wurden ihr 65 verschiedene Modelle vorgelegt. Jeder Erfinder konnte seine Waffe selbst erläutern und im Feuern vorführen, mußte sie dann aber der Kommission zu selbstständiger Prüfung überlassen.

Schließlich wurden die anscheinend 8 besten Gewehre durch die Kommission zu eingehenden Versuchen ausgewählt. Diese 8 Gewehre wurden 10 Tage lang auf dem Dache eines Hauses dem Wetter ausgesetzt, das zu dieser Zeit sie abwechselnd mit Schnee und Eis bedeckte und diese festeren Niederschläge auch durch plötzlich eintretendes Thauen wieder in Wasser verwandelte. Ohne vorherige Reinigung wurde täglich aus den Gewehren gefeuert, die nach Ablauf der 10 Tage sehr plötzlich getrocknet wurden, indem man sie einer hohen Temperatur unterwarf. Im Kriege kann eine dergleichen Gewaltprobe nicht vorkommen, dennoch wurden die 8 Gewehre bis zum letzten Tage, wenn auch einige mit beträchtlicher Schwierigkeit, zum Feuern benutzt.

Demnächst wählte die Kommission von diesen 8 Gewehren wiederum 4 aus und belegte sie mit starken Ladungen. Mit 60 Gran Pulver und 3 Geschossen von 450 Gran Gewicht begann man und steigerte die Ladungen successive bis zu 80 Gran Pulver und 4 Geschossen. Eins der Gewehre sprang bereits bei geringerer Ladung, zwei andere wurden durch die letzte Ladung stark am Verschlusse beschädigt, während das von Peabody aus Boston in Massachusetts konstruirte Hinterladungsgewehr selbst 80 Gran Pulver und 5 Geschosse ohne Nachtheil verfeuerte.

Die Kommission empfahl das Peabodygewehr für Militairzwecke.

Während der Versammlung der Versuchs-Kommission endigte der Bürgerkrieg und die Regierung erachtete es daher nicht nothwendig, unmittelbar Schritte für eine Aenderung der Bewaffnung einzuleiten.

Der Chef der Ordnance erklärte unterm 12. Juli 1866: Da die Nothwendigkeit zur augenblicklichen Wahl eines Modelles durch die Einstellung der Feindseligkeiten aufgehört, so wurde das weitere Vorgehen in dieser Angelegenheit in der Absicht suspendirt, abzuwarten, ob nicht günstige Verbesserungen an den Waffen vor-

genommen werden würden. Es lag aber die Idee vor, einen
weiteren Versuch mit den von der ersten Kommission als die besten
erkannten Waffen anzustellen und die damit betraute neue Kommission gleichzeitig zu beauftragen, die Versuche auch auf anderweitige gute Gewehre auszudehnen.

Die zweite Kommission trat am 10. März 1866 in Washington zusammen und bestand aus:

General W. S. Hancock, Präsident,
Brevet-Generalmajor R. C. Buchanan, Oberst des 1. Infanterie-
Regiments,
 " " P. V. Hagner, von der Artillerie,
 " " Chas. Griffin, vom 5. Artillerie-Regiment,
 " Oberst J. G. Benton, Major der Artillerie,
 " " Horace Porter, Kapitain der Artillerie,
 " Oberstlieutenant Wesley Owens, Kapitain im 5. Kavalle-
rie-Regiment,
 " " C. C. Parsons, Premier-Lieutenant im 5.
Artillerie-Regiment als Protokollführer.

Diese Kommission erhielt den Auftrag, die besten Hinterlader
zur Neueinführung und das beste System zur Umwandlung der
vorhandenen Gewehre in Hinterlader auszuwählen, auch über das
zweckmäßigste Kaliber zu berichten.

Der Kommission wurden mehr als 60 Gewehre zur Prüfung
vorgelegt, von denen die meisten die Umformung bezweckten, so
daß derselben weniger neue Hinterlader als der ersten Kommission
zur Begutachtung zufielen.

Genauere Mittheilungen über die angestellten Versuche und
die getroffenen Entscheidungen sind bisher noch nicht bekannt geworden. Das Angegebene liefert aber den deutlichen Beweis, daß
man auch jenseits des Oceans von der Ansicht durchdrungen ist,
daß die Einführung von Hinterladungsgewehren nicht nur wünschenswerth sei, sondern daß sie eine absolute Nothwendigkeit ist.

Diese Ansicht hat sich aber auch in allen europäischen Staaten, von denen hier nicht die Rede gewesen ist, geltend gemacht.
Alle befinden sich in einem gewissen embarras de richesses, denn
in allen liegen Modelle zu Hinterladern zu Dutzenden vor, so daß

nicht der Mangel an Vorbildern, sondern die überreiche Anzahl derselben die Entscheidung verzögert.

Preußen kann zwar mit Ruhe auf die Bestrebungen aller Orten hinblicken, denn es ist mindestens um ein Jahrzehent voraus, da die Einführung der Waffe nicht allein genügt, sondern die gute Waffe auch eine gute, gründliche, jahrdauernde Ausbildung aller Altersklassen des Heeres erfordert, denn nach dem bewährten Dictum gehört zu Scanderbegs Schwert auch Scanderbegs Arm. Aber es wird nach dem Motto Friedrichs des Großen „Toujours en vedette" den Bestrebungen aller Staaten mit aufmerksamem Blicke folgen und nach den Ergebnissen derselben auch seinerseits handelnd vorgehen müssen, damit man nicht später sagen könne, man studiere heute, was man gestern schon hätte thun sollen. Es liegt einmal in der Natur der Sache, daß eine Waffe, die vor 25 Jahren ihrem Wesen nach festgestellt worden, bei den riesenhaften Fortschritten der Technik gerade auf diesem Gebiete und bei den vielfachen Erfahrungen, die die ausgedehnten Versuche in den meisten Staaten geliefert haben, nicht mehr vollkommen den veränderten Verhältnissen zu entsprechen vermag.

Und so schließe ich denn mit dem Ausspruche der Hoffnung, daß das preußische Zündnadelgewehr, das jetzige oder ein verbessertes, seinen in zwei glorreichen Feldzügen erworbenen Ruf immer wieder neu bethätigen möge, wenn Sr. Majestät der König Allerhöchstseiner Armee in naher oder ferner Zeit einen Feind zeigen sollten.

Das walte der allmächtige Gott!

Schlußbemerkung.

Die vorstehende Arbeit hat in der Versammlung der militairischen Gesellschaft am 30. November 1866 nicht in allen ihren Theilen zum Vortrage kommen können, da es Grundsatz ist, daß die Vorträge nur höchstens zwei Stunden in Anspruch nehmen. In Folge des geäußerten Wunsches der Veröffentlichung erschien es aber angemessen, den gesammten Inhalt der Arbeit dem Drucke zu übergeben, um dem Leser einen möglichst vollständigen Ueberblick über die Bestrebungen zu gewähren, welche bis zum Abschlusse der Arbeit in den verschiedenen Staaten zur Erlangung eines dem preußischen Zündnadelgewehre mindestens ebenbürtigen Gewehres stattgefunden haben.

Druck von E. S. Mittler und Sohn in Berlin.